JN087125

決算効率化を実現する
会計監査対応の実務

第2版

アルテ監査法人 [編著]

石島　　隆・植木　健介・大原　達朗
菊池健太郎・須黒　統貴・髙山　信紀
塚本　純久・松本　佳之 [著]

中央経済社

はじめに

　決算早期化は多くの企業にとっての重要な課題の1つである。このように認識されてずいぶん時間が経過しました。

　上場企業は，いわゆる45日ルール適用もあり，その多くが決算早期化を達成してきました。しかし，その早期化は決算整理仕訳を少しでも早く起票し，開示資料を少しでも早く作成する，経理部内の創意工夫によっている部分が大きいと思われます。

　本書は，見落とされがちな会計監査にスポットを当て，監査法人が何のためにどんな業務をしているのかを明らかにし，監査対応を劇的に効率化することで，もう一段上の決算早期化を目指す企業の皆様への情報提供を一義的な目的としています。

　また，上場企業等で監査対応を効率化する目的だけでなく，監査法人の業界の現実を客観的に分析し，記述いたしました。これにより，監査法人の業界実態を知りたい公認会計士試験受験生，会計関連科目学習中の学生の皆様，公認会計士試験に合格したての監査法人の新人の皆様にとりましても有用な情報提供ツールになりうると考えております。

　本書はアルテ監査法人メンバーの分担で著しました。一部内容が重複すると感じられる部分があると思いますが，これらは重要なポイントであり，あえて一部残させていただきました。これにより，読者の皆様の理解の一助となれば幸いです。

　本書が読者の皆様の目的に資することができ，ひいてはアルテ監査法人の設立趣旨である「会計業界をユーザーフレンドリーにする」という目的の第一歩となれば幸甚です。

　最後になりましたが，本書は企画段階からご尽力いただきました中央経済社の阪井あゆみ氏，浜田匡氏またアルテ監査法人今野邦章氏の協力なしには実現

しませんでした。改めて感謝の意を表したいと思います。

　2021年3月

アルテ監査法人代表社員　大 原 達 朗

目　次

第3章 リスクアプローチを中心とした監査の体系的な理解と対応

第4章 個別の監査手続の理解と対応

第5章　内部統制監査対応の実務

第6章　IT統制監査の手続と対応

第7章　監査法人との付き合い方

第8章　監査に向けた準備の進め方

第9章　監査を効率的に受ける方法

第10章 監査人の交代

第1章

監査法人に何が起きているのか

■ 監査法人と企業の関係

　監査法人と聞いて，どんなイメージを持たれるでしょうか。

　近年では，難関と言われた公認会計士試験を合格しても，監査法人に就職できない，などというニュースが報道されるなど，少しずつ監査法人や公認会計士の実態について報道されるようになりました。

　そうはいっても，まだ多くの方には，監査法人や公認会計士はそれほど馴染みのあるものではないでしょうから，簡単に説明をしておきます。

　公認会計士とは，会計監査を実施することができる唯一の資格です。会計監査とは，企業が作成する財務諸表，いわゆる決算書が正しく作られているかどうかをチェックする仕事で，主に上場会社などで会計監査が義務づけられています。そして，この会計監査は公認会計士または監査法人だけが実施できることとされています。

　もちろん，法的には公認会計士個人で会計監査をすることはできるのですが，上場会社や大会社の監査を1人で実施するのは物理的に困難です。その受け皿として，「監査法人」という組織があります。

　この監査法人に今，何が起きているのか，という点から話を進めていきたいと思います。なお，特に断りのない場合，本書では監査法人に個人で監査業務を行っている事務所を含めて説明します。

■ 大手監査法人の業績分析

ここでは，以下の監査法人を大手監査法人として業績分析をしてみます。

EY新日本有限責任監査法人（以下，EY新日本）
有限責任　あずさ監査法人（以下，あずさ）
有限責任監査法人トーマツ（以下，トーマツ）
PwCあらた有限責任監査法人（以下，PwCあらた）

　業務収入，つまり売上推移を確認してみると，どの法人もやや伸びているくらいで，大幅成長はしていません。EY新日本，トーマツは営業利益率が1％を切る低水準です。

　とにかく人件費率が高いビジネスで，大手監査法人でも65～75％くらいで推移しています。PwCあらたは人件費率がやや低い水準ですが，退職給付引当金がありません。年金資産も借方に見当たりませんし，販管費にも退職金にかかる費用項目が見当たりません。退職金制度がないか，確定拠出年金として原価処理されている可能性はありますが，いずれにしても人件費比率が低いことは事実です。

　退職金については，社員退職引当金がそのほとんどです。監査法人における社員とは，パートナーであり，一般事業会社における出資者かつ役員，という認識で正解です。社員＝パートナーになると監査報告書への署名，サインをすることができるようになります。それだけ責任が重くなることは確かで，退職金も手厚くされています。その積立が利益率を悪化させている要因の1つと言ってよいでしょう。1％を切る営業利益率では，いつ赤字になるかわかりませんので，この状態を続けるわけにはいきません。

　最近では，会計監査人が「監査報酬が高い」という理由で大手監査法人からそれ以外の監査法人へ，変更になるケースも出てきています。また新規上場のための監査を大手が受けないという事態も顕在化しています。営業利益率を改

善するには，彼らも採算の悪い契約は受けづらく，また継続しづらくなっているのでしょう。

図表1-1 大手監査法人の業績

単位：百万円	EY新日本 2017/6	EY新日本 2018/6	EY新日本 2019/6	EY新日本 2020/6
業務収入	100,036	98,941	99,296	102,005
営業利益	2,227	1,822	375	419
営業利益率	2.23%	1.84%	0.38%	0.41%
当期純利益	388	237	289	258
当期純利益率	0.39%	0.24%	0.29%	0.25%
純資産	15,978	16,143	16,397	16,682
総資産	51,434	53,948	53,981	57,892
現金預金	8,394	16,891	21,005	27,835
退職給付引当金	18,285	17,620	17,314	17,709
人件費	65,840	63,319	65,280	66,830
人件費率	65.82%	64.00%	65.74%	65.52%

単位：百万円	あずさ 2017/6	あずさ 2018/6	あずさ 2019/6	あずさ 2020/6
業務収入	95,952	97,121	100,493	105,970
営業利益	4,785	484	1,805	2,452
営業利益率	4.99%	0.50%	1.80%	2.31%
当期純利益	5,994	1,369	772	985
当期純利益率	6.25%	1.41%	0.77%	0.93%
純資産	27,192	27,737	28,051	28,144
総資産	64,692	67,593	69,226	77,115
現金預金	30,059	26,394	26,095	31,002
退職給付引当金	11,219	12,536	13,816	15,543
人件費	63,455	66,859	67,710	72,462
人件費率	66.13%	68.84%	67.38%	68.38%

単位：百万円	トーマツ 2017/5※	トーマツ 2018/5	トーマツ 2019/5	トーマツ 2020/5
業務収入	70,977	104,703	108,718	114,592
営業利益	1,709	1,008	256	1,134
営業利益率	2.41%	0.96%	0.24%	0.99%
当期純利益	1,650	879	2,733	2,602
当期純利益率	2.32%	0.84%	2.51%	2.27%
純資産	24,568	26,513	27,342	23,951
総資産	60,605	60,228	64,564	65,652
現金預金	26,156	22,185	26,918	28,539
退職給付引当金	5,310	5,138	5,896	6,634
人件費	53,135	78,249	79,248	83,086
人件費率	74.86%	74.73%	72.89%	72.51%

※9ヶ月決算

単位：百万円	PwCあらた 2017/6	PwCあらた 2018/6	PwCあらた 2019/6	PwCあらた 2020/6
業務収入	42,321	45,622	48,735	54,343
営業利益	1,176	88	2,865	2,838
営業利益率	2.78%	0.19%	5.88%	5.22%
当期純利益	572	114	3,190	2,461
当期純利益率	1.35%	0.25%	6.55%	4.53%
純資産	11,733	11,916	16,131	17,616
総資産	30,758	32,534	36,674	40,683
現金預金	3,300	3,309	4,148	8,171
退職給付引当金	0	0	0	0
人件費	28,376	31,442	31,813	35,100
人件費率	67.05%	68.92%	65.28%	64.59%

(1)　国際的事務所との提携

　大手監査法人はアーンスト・アンド・ヤング（EY），デロイト・トゥシュ（DT），KPMG，プライスウォーターハウスクーパース（PwC）などの大手国際会計事務所と提携しています。この提携により，国際的な会計事務所の名称でビジネスをすることができ，ノウハウの提供などを受けることができています。そのうえ，グローバル・ネットワークを駆使した監査を実施できます。

　たとえば，世界中に拠点のある企業の会計監査をしようとした場合，日本からすべての人員を派遣していては，人員も不足しますし，現地での事情の把握をするだけでも時間がかかるうえに，移動費も馬鹿になりません。世界中に拠点を持つグローバル・ネットワークの中では，現地の提携先に，現地の監査を依頼することが可能になります。しかし，その対価として多額のロイヤリティを支払う必要があるということになります。

　財務的にはそれだけの話ですが，少し問題があるケースがありますので，ここで触れておきます。

　1点目は，フランチャイズビジネスと似ている点です。ロイヤリティを支払い，ノウハウの提供を受けることができる点はコンビニのフランチャイズと同様でわかりやすいのですが，一方でフランチャイザーである国際的会計事務所の品質レベルを維持しなければならないという点が重要なポイントになります。アーンスト・アンド・ヤングなどの国際的会計事務所では世界で最も厳しい米国の監査基準等を遵守する必要があり，当然，その厳しい条件をクリアすることができるようにシステムが構築されています。

　さらにいうと，当然のことではありますが，フランチャイジーである日本の監査法人もこのシステムに従って監査業務を実施することになります。日本の監査法人の監査を受けている日本企業は結果として，米国レベルの監査を受けているのと同様の厳しい監査を受けることになるわけです。あまり注目はされていないのですが，これは結構重要なポイントだと思っています。

　2点目はこの国際ブランドがどれだけの企業にとって必要かという問題です。すでに述べましたとおり，国際ブランドのフランチャイジーとなっている

日本の大手監査法人は米国レベルの監査基準に準拠した監査を受けなければなりません。そして，その監査レベルは非常に高いです。監査を受ける立場からそこに大きな問題はないと思えます。レベルの高い監査を受けているわけだから，別に問題はないのでないか，という理解です。

　米国の監査基準や証券取引委員会は，世界で一番厳しい米国の資本市場を仕切っています。それでは，この基準に従う必要のある日本企業はいったいどのくらいあるでしょうか。現在，日本の上場会社の数はおよそ3,700社です。このうち，10社程度が米国基準を，220社程度がIFRS（国際財務報告基準）を適用しています。結果としてみると，6％程度の日本企業は，米国や欧州における監査と同様のレベルの監査を受ける必要があるということになります。

　また，米国基準やIFRSを適用していないとしても，世界各国に子会社があり，しかも日本での売上よりも海外での売上が大きいような企業で，かつ，現地の子会社で大規模な監査を受ける必要がある企業は，この国際ブランド事務所の監査を受けるメリットはあります。なぜならば，これらの国際ブランド事務所は世界各国に提携事務所があり，そこと連携して世界的な規模で監査をすることができるからです。

　言い方を変えれば，これらに当てはまらない企業にとっては，国際ブランド事務所の監査を受ける必要は必ずしもないということです。受ける必要性のない監査を受けて，間接的にロイヤリティの負担もしていることになるのです。

　この状況はかつての日本の百貨店に似ています。何でも揃う，と思っている店に，実は本当に欲しいものがないというケースがままある，ということです。かつて百貨店で衣料品を買っていた顧客の多くが，ファストファッションの店で日用的な衣料品を買っています。専門店化が進んできているのです。そして，さらにECへと消費の方法は変化してきています。

　監査法人も例外ではないでしょう。この先，監査法人にもこうした専門店化の波が必ず寄せてくるはずです。

　一方で，高級百貨店のようなグローバル・ネットワークを持つ大手監査法人も，彼らでしかできない規模，品質の監査を追求して専門店化していくのではないでしょうか。グローバル・ネットワークを持つ大手監査法人は絶対に必要です。しかし，何でもかんでも自社でまかなってしまおう，というスタンスが

厳しい業績につながっているとも言えるでしょう。

(2)　J-SOXバブルのもたらした影響

　次に，人件費の削減による大手監査法人のリストラの結果，もたらされた影響について説明を加えておきたいと思います。

　ひと言でいうと，監査法人の職員の内向き下向き傾向が強まってしまって，悪い意味でのサラリーマン化が進んでしまっているということになるでしょう。

　そもそもどうしてこうなってしまったのかを振り返っておきましょう。

　大きなターニングポイントはいわゆる「J-SOXバブル」でした。2008年の四半期レビュー制度が導入とあわせ，J-SOXという新たな法制度が導入されました。

　J-SOXとはJapan SOXの略で，SOXはサーベンス・オックスリー法（SOX法）という，米国の法律を指します。SOX法とは，2001年前後に頻発した会計不正とそれに伴う企業破綻（エンロン事件，ワールドコム事件など）を受けて，米国で成立した法律です。正しくは「上場企業会計改革および投資家保護法」，法案を作成した2名の議員の名前をとって「サーベンス・オックスリー法（通称SOX法）」と呼ばれます。

　このSOX法を日本に輸入し，上場企業に当てはめようとしたのが，「日本版SOX法（J-SOX）」です。

　ここで，簡単にエンロン事件のことを説明しましょう。事件の舞台となったのは，エンロンというエネルギー関連会社で，業績急上昇の企業でした。この企業の会計監査を，アーサー・アンダーセンという会計事務所が担当していました。一方で，この企業のコンサルティングも同じアーサー・アンダーセンが実施していました。そのコンサルティングの内容は，エンロングループの損失飛ばしを合法的にするためのアドバイス業務でした。

　損失飛ばしとは，グループ内で生じた損失を，あたかも他社で起きた損失のように，グループ外に付け替えて，自社の業績を実態よりもよくみせる手法のことをいいます。アメリカの会計基準はとても細かく，その細かい規制を1つひとつ解釈することによって，損失飛ばしのアドバイスをしたわけです。正直，

業務内容としてはグレーゾーンにあたりましたが，最終的にはその行為は粉飾決算そのものである，という判定が下されたわけです。さらに，このグレーゾーンのコンサルティングの結果作成された，最終的には粉飾決算と判定された財務諸表の監査をアーサー・アンダーセンが担当していました。アーサー・アンダーセンは，エンロン事件の取り調べを受ける過程で書類やメールを破棄するなどしたことも後日判明し，アーサー・アンダーセンは破綻しました。これがエンロン事件の概要です。

　このようにして，米国における監査の規制強化が図られたわけです。米国の規制強化は，すなわち日本の規制強化につながり，企業の内部統制に対する監査が強化されることになったわけです。この一連の規制強化をまとめるルールを総称して，J-SOXと呼んでいます。

　このJ-SOXコンサルティングが，監査法人にとってのバブルであったと考えています。そのJ-SOX導入当初，多くの日本企業にとっては，はじめてのことで何をどうしてよいかわからない状況でした。ここに監査法人にとって，J-SOX導入コンサルティングが大きなビジネスチャンスとして生まれたのです。

　多くの監査法人は，実はここで下手を打ってしまったと考えています。当時，2009年のリーマン・ショック前で，多くの日本企業においては，現在ほどコストに対する意識が厳しくなく，監査法人の多くは，チャンスとばかりにJ-SOX導入のコンサルティング業務を大幅に増やしました。これがJ-SOXバブルです。

　ここで大きな問題が生じてしまいました。監査法人はJ-SOXと四半期レビュー導入のお陰で，それまでと比較して信じられないくらい業務が増え，収入が増えたのです。その結果，新人を大量に採用することができました。公認会計士試験の合格者が増加したのもこのタイミングです。このことは以下の表をご覧いただければ一目瞭然です。

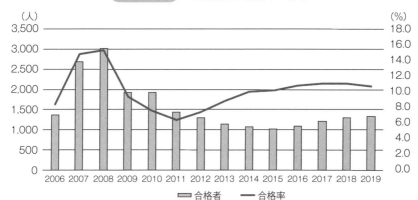

出所：金融庁「令和元年度公認会計士試験合格者調」を基に作成

　監査法人の多くはJ-SOXに向けて，また，公認会計士合格者の増加に後押し
を受けて，新人を大量に採用したのです。しかし，これらの新人にきちんとし
た教育をすることなく，J-SOX導入支援業務の顧客へ投入してしまったケース
も少なくありません。

　もちろん，J-SOX導入後はこの手のコンサルティング業務はなくなることが
容易に予想できたわけですので，合格者を大幅に増加させてしまってよいのか
という疑問はありました。しかしそれだけでなく，監査法人のJ-SOXコンサル
ティング業務は，顧客企業に不信感を抱かせてしまったのです。多くの顧客企
業にJ-SOX導入後，「あの騒ぎはいったい何だったのか」と感じさせてしまっ
たわけです。

　顧客からすれば，多額のコンサルティング料を支払い，新人が大量に派遣さ
れ，要求される資料は膨大になり，挙げ句J-SOXの監査を受けてみると，実際
にはコンサルティングでアドバイスされた膨大な業務のすべてが必要ではない
ことが明らかになるなど，監査法人への信頼が揺らぐような結果になりました。

　この根本的な原因は，監査法人の職員の多くがJ-SOXの本質を理解していな
かったからです。J-SOXの目的は内部統制を構築することではありません。あ
くまでも財務報告の信頼性を担保することにあるのです。この観点があるから

こそ，仮にIT全般統制に信頼性がなかったとしても，マニュアルでそのカバーが可能というようなケースが存在しうるわけです。もし，J-SOXが内部統制全般に対する整備・運用を求められているのであれば，IT全般統制に不備があり，適正意見が出ることなどないのです。

　内部統制の目的は，①業務の有効性と効率性，②財務報告の信頼性，③関連法規の遵守があるとされています。先に述べましたとおり，J-SOXは②財務報告の信頼性のみを目的としています。理由は単純で，①業務の有効性と効率性，③関連法規の遵守を会計の専門家である公認会計士，監査法人に監査ができるはずがなく，また膨大な時間とコストがかかるからです。

　この本質を理解できていない監査法人の職員は，勝手に①業務の有効性と効率性，③関連法規の遵守などへも手を出し始めたのです。顧客企業の側では，疑問を覚えながらも，監査法人のいうことだから正しいのだろうと受け入れつつ，業務を進めてしまいました。さらに悪いことに，監査法人の職員の多くは，ITの知識，経験に欠けているため，ITに関する内部統制の対応を新規に採用したITの専門家に丸投げしたケースも多々ありました。システムを少しでもかじったことのある方であれば，IT全般の専門家などは存在しないことはご存知でしょう。ネットワークの専門家であったり，ソフトウエアのセキュリティの専門家であったり，特定の領域を専門にしているのが通常です。しかし，そういった細かい配慮なくIT統制構築業務や監査業務を委託したため，その専門家たちが真面目に仕事をすればするほど，本来の目的である「財務報告の信頼性」とはかけ離れた業務を遂行し，クライアントはその対応に苦慮してしまったわけです。結果として，本来は必要のない業務をせざるを得なくなってしまった企業がたくさん出てしまったというのが実態です。

　この結果，多くのクライアントは監査法人に不信感を持ってしまいました。さらに追い打ちをかけたのはリーマン・ショックです。多くの企業がその影響を受け，大規模なリストラを余儀なくされました。多くの企業でこういったリストラ局面で，まずコストカットの対象となるのは，コンサルティングであり，研修であることが多いです。これに監査法人への不信感が重なり，監査法人は多くの業務を失ってしまいました。

　一方で，新人を大量採用し，かなりの固定費を抱えてしまいました。その結

果，今度は監査法人がリストラを余儀なくされました。高齢のパートナーに対する早期退職制度の導入や，多くの若手職員を一般企業へ出向させ，あるいは彼らにも早期退職制度は採用され，これを利用して転職するなどの影響が出ました。こういったリストラの結果，現在では監査法人の多くがその収益性を回復させてきました。しかし，その後，金融庁検査対応，セキュリティ強化，教育予算の増加，さらには過重労働抑制のためのコスト増等の要因が重なりつつ，一方で少しずつ会計士試験合格者が増え，採用数を増やしていった結果，利益率を落としている，というのが現状です。

■ 人事の問題

　大手監査法人の業績をベースに監査法人を取り巻く環境について簡単に説明してきました。監査という業務は，人の力で進めていく仕事ですから，業績面からいうと人件費の影響が非常に大きかったわけです。しかし，業績悪化局面からの回復を図るために，多くの監査法人はリストラ＝人員のカットをせざるを得ませんでした。ここでは，人事の問題について考えてみたいと思います。

　かつて，監査法人の職員の多くは若手の間に監査法人を離れて独立したものでした。その結果，ポストが空き，さらに若い職員がそのポストにつき，若くしてたくさんの経験を死に物狂いでこなし，力をつけてきたわけです。たとえば筆者の場合，24歳で監査法人に入所し，30歳まで在籍し，独立しました。在籍中はご多分に漏れず，上司のポストは次々空き，まったく経験をしたことのない責任のある業務を死ぬ思いで経験してきました。多くの会計士にとってそのときの経験が現在の糧になっていることは言うまでもありません。

　一方で，このように若くして多くの会計士が独立できた理由の1つは中堅監査法人のパート業務がたくさんあったからです。大手できっちりと経験を積んだ若い公認会計士は，放っておいても一定以上の業務をこなしてしまうわけですから，中堅監査法人にとっても非常に使い勝手のよいものでした。しかし，リーマン・ショックによる企業業績の悪化を受けた監査法人の業績の悪化，そして国内の監査業務を取り巻く環境が厳しくなった結果，その環境を維持する

ことは簡単ではなくなってきました。

　日本の監査法人は，公認会計士協会からレビューを受けています。このプロセスでパート職員を多く利用してきた中堅監査法人にパート職員の管理が徹底できていないという指摘もあり，多くの監査法人がパート職員を減らし，正社員化を進めざるを得なかったのです。これにより，監査法人を若くして独立した後に多くの会計士が経験する，まずはパートの監査で生計を立てつつ，自分自身の仕事を作っていくということがやりにくくなってしまったのです。実際，かつては時給8,000円程度の監査のパート業務は平均して6,000円台まで落ちてきています。

　実際，この監査のパートというのは，会計監査というビジネスのコストを下げ，品質を維持するためには重要なポイントになるはずです。

　公認会計士協会の指導も，本質はパート＝悪，では決してなく，パート職員に丸投げの業務スタイルはおかしい，自分たちで責任を持った業務を遂行してほしい，という考えに基づいているはずです。それならば，パート職員を積極的に採用する一方，彼等への教育，また審査体制をしっかり構築するという方法で選択肢としてはあるのではないでしょうか。

　もちろん，売上が1兆円を超すようなグローバル企業の監査は監査法人の担当者がクライアント先にほぼ常駐する形になるのが通常ですから，これをパート職員中心に対応していこうというのは無理があります。しかし，監査を受けている上場企業や大会社のほとんどがそういった大企業，グローバル企業なわけではありません。この点に，近い将来，グローバル企業専門の監査法人，国内拠点中心の監査法人，ベンチャー専門の監査法人のように専門店化した監査法人の出現の余地があると思いますし，それこそが顧客を向いた自然な流れなのではないでしょうか。日常のカジュアルウエアが百貨店からユニクロやしまむらといった専門店に顧客が移っていったのと同じ流れが，この業界にだけ起きないのはむしろ不自然です。

　監査法人の人事に話を戻します。上記に述べたような理由もあり，監査法人の職員の多くが中途で退職しなくなりました。その結果，極端に言うとポストが空かず，経験も積めず，昇進もできず，昇給もない。そんな厳しい状況が監

査法人の中で生まれるようになってしまったわけです。

■ 会計士のモチベーション

　このような環境の中，組織内の会計士は極めて内向きになってしまいました。監査法人に残るのが最善の策，と考えているわけですから，事なかれ主義が横行してもおかしくないでしょう。

　たとえば，審査部から質問やクレームが来た場合，素直にいうことを聞いておいたほうが身のため，と考えてもおかしくありません。本来は現場での事情を勘案し，また規則の条文そのものに戻って，会計処理や開示方法を考えるべきときに，思考停止してしまう可能性があるのです。

　一方で，バリバリのグローバル企業を担当している会計士はこれと全く違う環境にいます。これらの企業の多くは米国に上場していたり，IFRSを任意適用していたりする企業も多いため，すでにグローバルな環境で業務をしています。また，こういった企業の経理部にはレベルの高い社員がたくさんいるため，公認会計士といえど，相当な勉強をしてからでないと彼等と対等に仕事ができません。そういった環境の中で苛烈な競争のもとに業務を実施しています。まさに大手でないと実現できない業務をしているのです。問題はそうでない企業と一緒の組織が業務をとり行っていることにあるのです。

■ 昔はよかった？

　最近の会計士は弱くなった。昔はよかったとクライアントから言われることがあります。この点について，少し触れておきたいと思います。

　まずは経営感覚の点からです。現在，70歳以上の公認会計士のほとんどの方はすでに監査法人を引退されていますが，彼等は日本の監査法人を創り上げてきたいわゆる創業者でした。一方でそれ以下の60歳代以下の公認会計士については，多くの場合，監査法人に入所したときにすでに100人単位の組織になっていました。要するにずっと勤め人，サラリーマンです。この意識の違いは大きく，たとえば『監査法人を叱る男』（早房長治著　プレジデント社）で紹介さ

れているトーマツ創業者の1人，富田氏などは，創業者として強烈な個性と行動力で，海外の顧客開拓に動かれていました。同著でも言及されているとおり，彼の次世代ではなかなかそこまでの危機意識を持って動ける会計士が少なくなってきたと言えるでしょう。要するに会計士のサラリーマン化が，多くのベテランの方に「昔はよかった」と言わせてしまう1つの理由だと考えています。

　もう1点は，ジェネレーションギャップです。これはすでにご紹介したエンロン事件がきっかけになりました。

　エンロン事件の大きな原因の1つが，いわゆる「二重責任の原則」が破られていることでした。「二重責任の原則」とは，財務諸表の作成責任は企業にあり，その財務諸表が適正に作成されているどうかを保証する保証責任が監査人にあるとする原理原則です。この原則に従うと，監査をする会計士が財務諸表を作成してはいけないということになります。エンロン事件の前までは，この二重責任の原則がやや曖昧に運用されており，監査法人の主業務として，上場準備企業の監査をする前に会計士が企業の決算を締め，開示書類や，上場申請書類を作成し，それに対して報酬を得ていました。これにより，企業との信頼関係も現在よりも厚かったですし，会計士も決算や開示書類作成の実務経験を積むことができました。

　しかし，エンロン事件後，「二重責任の原則」が徹底され，このような実務はなくなりました。それから10年以上が過ぎ，上記のように自分の手で決算を締めたり，開示資料を作成したりしたことのない会計士が10年選手となってきました。以前ではこのようなことはありえず，このことは監査現場での大きなジェネレーションギャップを生んでいます。

　これにより起きる問題があります。経理担当が決算作業中にミスに気づいたとします。その原因究明方法を会計士がアドバイスできないのです。経理，決算業務経験のある会計士であれば，ミスの原因についていくつかの可能性を指摘できます。それは自分の実務経験によるものです。監査の経験はあっても決算の経験のない会計士に対して，企業サイドからすると「昔はよかった」と思わせてしまっていることもあるでしょう。

■ マニュアル主義

　日本でも，近年の監査法人の歴史の中で大規模な粉飾事件が起き，大手監査法人の1つであったみすず監査法人（旧中央青山監査法人）が破綻してしまいました。これにより，監査法人の監督も厳しくなりました。しかし，その結果，マニュアル主義が横行してしまったのは大きな問題といってよいでしょう。

　マニュアルの前提となっているのは監査基準であり会計基準です。日本のこれらの基準はかなりのボリュームがあり，この運用を徹底するためにチェックリストやマニュアルを整備することが急務でした。しかし，これらの基準の多くは，原則を述べたあとにガイドラインや実務指針を豊富な事例とともに説明する形態をとっています。これらの基準をマニュアル化する際には，豊富な事例がチェックリストの1項目になってしまっているのです。

　実例をあげてみます。繰延税金資産の回収可能性について考えてみましょう。多くの方は，繰延税金資産の回収可能性を考える際に，会社がどのような区分に該当するかを判定しているはずです。詳細は割愛しますが，会社をまず区分に分け，その区分に従って，繰延税金資産の全額，5年以内，3年以内，1年分，ゼロなどを計上するという判定をしていることが多いはずです。

　しかし，これはサンプル，例示であり，原理原則としてはスケジューリングの結果，繰延税金資産の回収可能性を判定しないといけません。ところが，チェックリストやマニュアルに依存した仕事の仕方が身に染み付いてしまうと，こういったベーシックな問題ですら，原理原則から離れてしまう可能性があるわけです。

第2章

なぜ監査を受けるのか

■ なぜ会計監査が必要なのか

　上場企業はもれなく，監査法人または公認会計士による監査を受けています。なぜ監査を受ける必要があるのでしょうか。

　それは，端的には「法律で決まっているから」ということになるでしょう。

　上場企業については，金融商品取引法第193条の2第1項に「公認会計士または監査法人の監査証明を受けなければならない」と書かれています。いわゆる「法定監査」です。

　上場企業に対する監査のほかにも監査法人等によるいわゆる「法定監査」があります。たとえば，次のようなものです。

- 一定数の株主がいる会社（金融商品取引法第193条の2）
- 大会社や委員会設置会社（会社法第436条第2項第1号：大会社等に対する会計監査人監査）
- 独立行政法人（独立行政法人通則法第39条）
- 国立大学法人（国立大学法人法第35条）
- 公立大学法人等の地方独立行政法人（地方独立行政法人法第35条）
- 学校法人（私立学校振興助成法第14条第3項）
- 労働組合（労働組合法第5条第2項第7号）

図表2－1　監査の対象

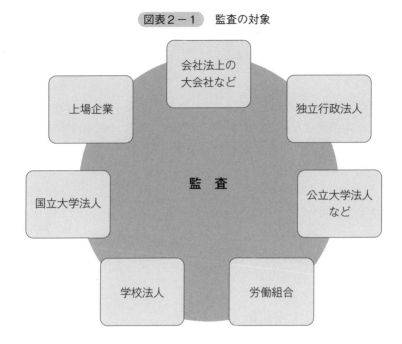

　上場企業や大学等に対する監査が法律で定められている背景には，いずれの法律にも共通する理念があります。

　それは，「利害関係者（ステークホルダー）の利益を調整し，保護する」ことです。

　上場企業であれば，監査の結果は株主総会等で株主に報告されるほか，有価証券報告書に監査報告書を添付するという形で一般に閲覧可能な状態で開示されます。

　公立大学法人の財務諸表をご覧になったことはおありでしょうか。公立大学法人は地方自治体が主体となって設立する大学ですが，従来の公立大学よりも大学側に法人運営の自由度を与える代わりに，地方自治体と地域社会（納税者）に対する報告責任を求めています。

　そこで，一定規模以上の公立大学法人は会計監査人の監査を受け，その結果を地方自治体の長に報告するほか，地域社会に対して開示することが必要とさ

れています。

　法律で決められているから監査を受けなければいけない，といういわば消極
的な必要性に対して，監査法人等の監査に積極的な意義を見出している例も増
えてきています。

　たとえば，金融商品取引法で定められている監査は，財務諸表監査と内部統
制監査の2本立てになっています（P. 19参照）が，この内部統制監査によっ
て自社の内部統制の弱点を見つけ，そこを強化することで組織をより強く健全
にしていこうという企業もあります。

　また，監査法人等による会計監査を，経営者に対する牽制に利用する例もあ
ります。かつて，社長から指示されて粉飾決算をせざるをえなかったという上
場企業の財務担当役員の方にお話を聞いたことがあります。

図表2−2　　監査はなぜ必要？

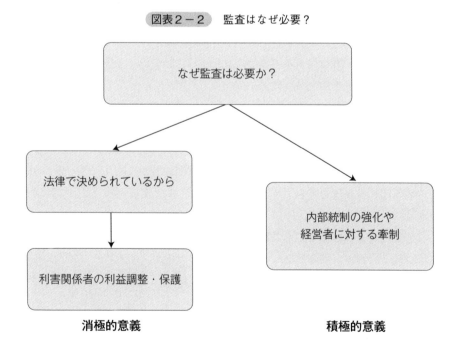

その財務担当役員の方はもちろん，粉飾決算など絶対にやりたくなかったのですが，社長命令に背くことは自分のみならず管理部門の社員の生活にも影響があるというので，粉飾決算をせざるをえない状況に追い込まれました。

そこで考えたのは「社長命令には従うけれども，バレやすくしよう。バレやすい粉飾をして，監査法人に見つけてもらおう」ということでした。結果，その粉飾は，監査法人に指摘されて，訂正することになったそうです。

これは極端で，かつ少しばかり幸運な例ともいえますが，監査法人や公認会計士が独立の第三者の立場から企業をみることには，経営者に対する牽制という機能があると言えるでしょう。

■ 監査役監査との違い

ほとんどの会社には，代表取締役を含めた取締役に加えて，監査役という肩書を持つ方がいるでしょう。

会社の規模が小さく，取締役が1〜2人という会社を除けば，取締役会が存在するはずです。そして取締役会を設置している会社は監査役を置かなければならないとされています（会社法第327条第2項）。

会社法では，監査役は，取締役の職務の執行を監査する（会社法第381条第1項）とされています。監査する役割を担っているから「監査役」とよばれます。

先述したような，監査法人または公認会計士による監査を受けなければならない上場企業などでは，監査役に加えて，監査法人等も監査を実施することになります。

ちなみに，独立行政法人や国立大学法人，公立大学法人を含む地方独立行政法人では，監査役ではなく，「監事」という役職を設置することになっています（独立行政法人通則法18条第1項，国立大学法人法10条第1項，地方独立行政法人法12条）。

では，監査役（監事）が実施する監査と監査法人等が実施する監査とは何が違うのでしょうか。監査役や監事は，「職務の執行を監査」したり，あるいは「業務を監査」したりします。

一方，監査法人等の会計監査人は，「計算書類及びその附属明細書，臨時計算書類並びに連結計算書類を監査」（会社法第396条第1項），「財務諸表，事業報告書（会計に関する部分に限る。）および決算報告書」（独立行政法人通則法第39条など）を監査します。

後者の監査を「会計監査」と呼ぶことに対応して，前者の監査を「業務監査」と呼んだりします。

「（会計に関する部分に限る。）」とわざわざ括弧書きで強調されているように，会計監査はもっぱら財務書類上の会計数値の適正性をチェックするのに対して，業務監査は業務が適切に遂行されているかをチェックする役割を担っています。

図表2−3　監査役の監査と監査人の監査

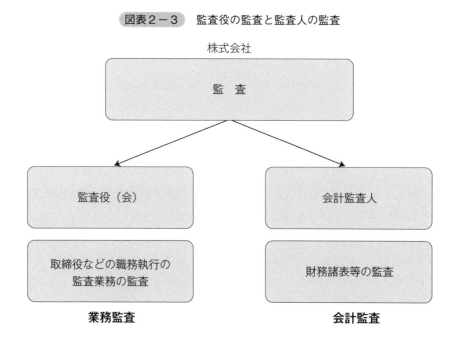

■ 金商法監査は財務諸表監査と内部統制監査の2本立て

　先に述べたとおり，金融商品取引法第193条の2第1項では上場企業などについて，監査法人または公認会計士による財務諸表等に対する監査が義務づけられています。これに加えて，金融商品取引法第193条の2第2項には，上場企業などが作成する内部統制報告書について，監査法人または公認会計士による監査が義務づけられています。これを「内部統制監査」と呼んだりします。

　もっとも，「内部統制監査」というのはいかにもミスリードの原因となりそうな呼び方です。

　なぜなら，内部統制監査といっても，監査法人は内部統制を直接的に監査するのではないからです。

　監査法人は，企業が作成した「内部統制報告書」が適正かどうかを監査するので，実際には「内部統制報告書監査」とでも呼ぶべきものです。

　そして，内部統制報告書が適正かどうかは，以下のようなことで見分けます。

- 内部統制が適正に整備・運用されていると企業が結論づけた場合，内部統制報告書にその旨が開示されているかどうか，
- 内部統制が適正に整備・運用されていないと企業が結論づけた場合，内部統制報告書にその旨が開示されているかどうか，

　つまり，内部統制報告書が適正であると監査法人が認めたとしても，それがすなわち，内部統制が適正に整備・運用されているということではないことに注意が必要であると言えます。

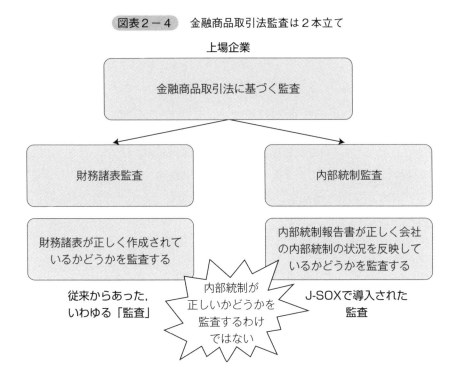

図表2－4　金融商品取引法監査は2本立て

上場企業

金融商品取引法に基づく監査

財務諸表監査

内部統制監査

財務諸表が正しく作成されているかどうかを監査する

内部統制報告書が正しく会社の内部統制の状況を反映しているかどうかを監査する

従来からあった，いわゆる「監査」

内部統制が正しいかどうかを監査するわけではない

J-SOXで導入された監査

　さらに付け加えるなら，内部統制報告書の報告対象は「企業の内部統制のうち，財務諸表の作成に関する部分」（金融商品取引法第24条の4の4第1項参照）に限定されています。

　つまり，監査法人等が保証するのは，会社全体の内部統制のごく一部であり，その保証も，内部統制報告書に書かれていることが適正かどうかに限られているということです。

　ともあれ，金融商品取引法監査といえば，財務諸表監査と内部統制監査に2本立てになっています。

■ 監査報告書とはどのようなものか

　監査法人等が会計監査を実施した結果は，1枚の報告書として企業に提出されます。

　EDINETや企業のウェブサイトで公開されている有価証券報告書を読んでいくと，最後の方に「独立監査人の監査報告書」というものが出てきますが，これが一般に「監査報告書」と呼ばれているものです。

　実務上，監査報告書は1つの財務諸表に対して1枚だけ発行されます。そしてその1枚は，財務諸表と合綴されています。つまり，「この監査報告書と合綴された財務諸表について，独立監査人は，その適正性を保証します」ということを表明する形式です。

　監査報告書に記載する事項やその書き方については，一定の様式があり，日本公認会計士協会が文例を提供しています。

　その文例にしたがって，ここでは，監査報告書に主にどのような内容が盛り込まれているかを見てみます。

図表2-5　監査報告書の文例

独立監査人の監査報告書

×年×月×日

○○株式会社
　取締役会　御中

　　　　　　　　　　　アルテ監査法人
　　　　　　　　　　　○○事務所
　　　　　　　　　　　指　定　社　員
　　　　　　　　　　　業務執行社員　　公認会計士　○○○○　印
　　　　　　　　　　　指　定　社　員
　　　　　　　　　　　業務執行社員　　公認会計士　○○○○　印

監査意見
　当監査法人は，金融商品取引法第193条の2第1項の規定に基づく監査証明を行うため，「経理の状況」に掲げられている○○株式会社の×年×月×日から×年×月×日までの連結会計年度の連結財務諸表，すなわち，連結貸借対照表，連結損益計算書，連結包括利益計算書，連結株主資本等変動計算書，連結キャッシュ・フロー計算書，連結財務諸表作成のための基本となる重要な事項，その他の注記及び連結附属明細表について監査を行った。
　当監査法人は，上記の連結財務諸表が，我が国において一般に公正妥当と認

められる企業会計の基準に準拠して，○○株式会社及び連結子会社の×年×月
×日現在の財政状態並びに同日をもって終了する連結会計年度の経営成績及び
キャッシュ・フローの状況を，全ての重要な点において適正に表示しているも
のと認める。

監査意見の根拠
　当監査法人は，我が国において一般に公正妥当と認められる監査の基準に準
拠して監査を行った。監査の基準における当監査法人の責任は，「連結財務諸
表監査における監査人の責任」に記載されている。当監査法人は，我が国におけ
る職業倫理に関する規定に従って，会社及び連結子会社から独立しており，また，
監査人としてのその他の倫理上の責任を果たしている。当監査法人は，意見表
明の基礎となる十分かつ適切な監査証拠を入手したと判断している。

監査上の主要な検討事項
　監査上の主要な検討事項とは，当連結会計年度の連結財務諸表の監査におい
て，監査人が職業的専門家として特に重要であると判断した事項である。監査
上の主要な検討事項は，連結財務諸表全体に対する監査の実施過程及び監査意
見の形成において対応した事項であり，当監査法人は，当該事項に対して個別
に意見を表明するものではない。

○○○○（監査上の主要な検討事項の見出し及び該当する場合には連結財務諸表の注記事項への参照）	
監査上の主要な検討事項の内容及び決定理由	監査上の対応
……（監査上の主要な検討事項の内容及び決定理由の内容を記載する）……。	……（監査上の対応を記載する）……。

連結財務諸表に対する経営者並びに監査役及び監査役会の責任
　経営者の責任は，我が国において一般に公正妥当と認められる企業会計の基
準に準拠して連結財務諸表を作成し適正に表示することにある。これには，不
正又は誤謬による重要な虚偽表示のない連結財務諸表を作成し適正に表示する
ために経営者が必要と判断した内部統制を整備及び運用することが含まれる。
　連結財務諸表を作成するに当たり，経営者は，継続企業の前提に基づき連結
財務諸表を作成することが適切であるかどうかを評価し，我が国において一般
に公正妥当と認められる企業会計の基準に基づいて継続企業に関する事項を開
示する必要がある場合には当該事項を開示する責任がある。

　監査役及び監査役会の責任は，財務報告プロセスの整備及び運用における取締役の職務の執行を監視することにある。

連結財務諸表監査における監査人の責任
　監査人の責任は，監査人が実施した監査に基づいて，全体としての連結財務諸表に不正又は誤謬による重要な虚偽表示がないかどうかについて合理的な保証を得て，監査報告書において独立の立場から連結財務諸表に対する意見を表明することにある。虚偽表示は，不正又は誤謬により発生する可能性があり，個別に又は集計すると，連結財務諸表の利用者の意思決定に影響を与えると合理的に見込まれる場合に，重要性があると判断される。
　監査人は，我が国において一般に公正妥当と認められる監査の基準に従って，監査の過程を通じて，職業的専門家としての判断を行い，職業的懐疑心を保持して以下を実施する。
・　不正又は誤謬による重要な虚偽表示リスクを識別し，評価する。また，重要な虚偽表示リスクに対応した監査手続を立案し，実施する。監査手続の選択及び適用は監査人の判断による。さらに，意見表明の基礎となる十分かつ適切な監査証拠を入手する。
・　連結財務諸表監査の目的は，内部統制の有効性について意見表明するためのものではないが，監査人は，リスク評価の実施に際して，状況に応じた適切な監査手続を立案するために，監査に関連する内部統制を検討する。
・　経営者が採用した会計方針及びその適用方法の適切性，並びに経営者によって行われた会計上の見積りの合理性及び関連する注記事項の妥当性を評価する。
・　経営者が継続企業を前提として連結財務諸表を作成することが適切であるかどうか，また，入手した監査証拠に基づき，継続企業の前提に重要な疑義を生じさせるような事象又は状況に関して重要な不確実性が認められるかどうか結論付ける。継続企業の前提に関する重要な不確実性が認められる場合は，監査報告書において連結財務諸表の注記事項に注意を喚起すること，又は重要な不確実性に関する連結財務諸表の注記事項が適切でない場合は，連結財務諸表に対して除外事項付意見を表明することが求められている。監査人の結論は，監査報告書日までに入手した監査証拠に基づいているが，将来の事象や状況により，企業は継続企業として存続できなくなる可能性がある。
・　連結財務諸表の表示及び注記事項が，我が国において一般に公正妥当と認められる企業会計の基準に準拠しているかどうかとともに，関連する注記事項を含めた連結財務諸表の表示，構成及び内容，並びに連結財務諸表が基礎となる取引や会計事象を適正に表示しているかどうかを評価する。
・　連結財務諸表に対する意見を表明するために，会社及び連結子会社の財務情報に関する十分かつ適切な監査証拠を入手する。監査人は，連結財務諸表

の監査に関する指示，監督及び実施に関して責任がある。監査人は，単独で監査意見に対して責任を負う。

監査人は，監査役及び監査役会に対して，計画した監査の範囲とその実施時期，監査の実施過程で識別した内部統制の重要な不備を含む監査上の重要な発見事項，及び監査の基準で求められているその他の事項について報告を行う。

監査人は，監査役及び監査役会に対して，独立性についての我が国における職業倫理に関する規定を遵守したこと，並びに監査人の独立性に影響を与えると合理的に考えられる事項，及び阻害要因を除去又は軽減するためにセーフガードを講じている場合はその内容について報告を行う。

監査人は，監査役及び監査役会と協議した事項のうち，当連結会計年度の連結財務諸表の監査で特に重要であると判断した事項を監査上の主要な検討事項と決定し，監査報告書において記載する。ただし，法令等により当該事項の公表が禁止されている場合や，極めて限定的ではあるが，監査報告書において報告することにより生じる不利益が公共の利益を上回ると合理的に見込まれるため，監査人が報告すべきでないと判断した場合は，当該事項を記載しない。

利害関係

会社及び連結子会社と当監査法人又は業務執行社員との間には，公認会計士法の規定により記載すべき利害関係はない。

以　上

(1) 表　題

監査報告書には，監査法人等の報告書であることを明瞭に示す表題を付します。一般的には「独立監査人の監査報告書」と記載されます。

(2) 宛　先

監査報告書には，契約内容に応じて当該報告書の報告先を宛先として記載します。通常は「取締役会」と記載されます。

(3) 監査意見

監査報告書の冒頭に，「監査意見」という見出しを付した区分を設け，監査意見を記載します。当区分には，監査人が，何を監査したのかを明らかにし，保証範囲（責任範囲）を限定するために，監査の対象を記載します。詳細に記

載すれば責任範囲もより限定的になりますが，一般的には次のような事項を記載します。

- 監査対象である財務諸表を作成している企業の名称
- 財務諸表の監査を行った旨
- 財務諸表の名称
- 財務諸表に関連する注記（重要な会計方針を含む）
- 財務諸表が対象とする日付または期間

(4) 監査意見の根拠

監査報告書には，「監査意見」区分に続けて「監査意見の根拠」という見出しを付した区分を設け，財務諸表に対する監査人の責任を果たしている旨とともに監査人が意見表明の基礎となる十分かつ適切な監査証拠を入手したか否かを記載します。

(5) 監査上の主要な検討事項

法令により監査報告書において監査上の主要な検討事項の記載が求められる監査においては，監査人は監査報告書において監査上の主要な検討事項を報告しなければならないとされています。また，監査上の主要な検討事項を報告する場合は，監査人は，監査報告書に「監査上の主要な検討事項」区分を設け，原則として，個々の監査上の主要な検討事項に適切な小見出しを付して記述しなければならないとされています。

わが国では，財務諸表および監査報告について広範な利用者が存在する金融商品取引法に基づいて開示を行っている企業（非上場企業のうち資本金5億円未満または売上高10億円未満かつ負債総額200億円未満の企業は除く）の財務諸表の監査報告書において，監査上の主要な検討事項の記載が求められることとされています。

(6) 財務諸表に対する経営者および監査役等の責任

適正な財務諸表を作成する責任と，適正な財務諸表を作成するための内部統制を整備・運用する責任は，経営者にある旨を記載します。さらに経営者には

継続企業の前提に基づき財務諸表を作成することが適切であるかどうかを評価し，必要に応じて開示をする責任がある旨を記載します。

　また，監査役および監査役会の責任として，財務報告プロセスの整備および運用における取締役の職務の執行を監視することにある旨を記載します。

(7)　財務諸表監査における監査人の責任

　監査人には，財務諸表に重要な虚偽表示がないかどうかに対する意見を表明するという責任がある旨とともに，虚偽表示の重要性について記載します。

　そして，財務諸表に対する意見を表明するという責任において，監査人がどのような方法で監査を行っているかを記載します。

　さらに，監査人が監査役および監査役会に対して実施する報告内容および，監査報告書に記載すると決定した監査上の主要な検討事項を協議した旨を記載します。

(8)　監査人の署名

　監査業務を執行した監査法人の社員が自署・押印します。

(9)　監査報告書日

　監査報告書には，監査人が，財務諸表に対する意見表明の基礎となる十分かつ適切な監査証拠を入手した日を記載します。

(10)　監査事務所の所在地

　監査報告書には，監査事務所の所在地を記載することとされています。

(11)　その他

　監査法人または監査業務を執行した社員と，被監査会社との間に利害関係がないことなどを記載します。

■ 会計監査があっても粉飾が起こるのはなぜか～監査の限界

　上場会社などで粉飾決算事件が起こると，「監査法人はどうして粉飾を見抜けなかったのか」という疑問の声が上がります。

　会計監査を通じて，監査人が決算は適正であるというお墨付きを与え，そのお墨付きがあるから株式投資ができるのに，粉飾が見過ごされるとなると安心して投資ができない，というのはもっともなことです。

　こういった声に対して，監査法人や公認会計士の側からは，「監査の限界」や「期待ギャップ」(P.42参照) について説明をすることになります。

　「監査の限界」というのは，監査の目的は財務諸表に粉飾や間違いが全くないことを保証することではなく，財務諸表が全体として利用者の判断を誤らせない程度に適正であることを保証することである，という考えです。

　つまり，監査で「この会社の決算は適正です」という場合に監査人が保証す

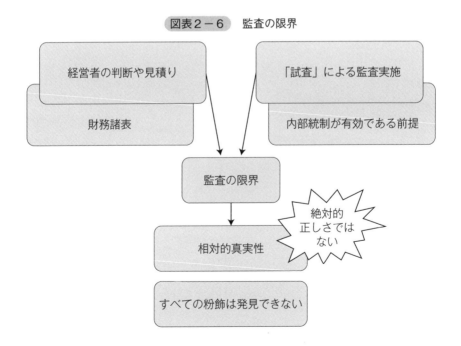

図表2－6　監査の限界

るのは，財務諸表の絶対的な正しさではなく，その企業に対して大きく間違っ
た判断をしないという程度の正しさという意味なのです。このことを，「相対
的真実性」といいます。

　監査の限界は，財務諸表の作成方法と，監査の方法に起因します。
　財務諸表は企業が作成し，その作成責任は経営者にあるというのは，監査報
告書の記載事項（P.23）でも述べたとおりです。現在における会計監査の立
て付けとして，この財務諸表には経営者の判断や見積もりが多く含まれていま
す。

　たとえば減価償却の方法を実態に即して，定額法，定率法，その他の方法の
いずれにすべきかを判断して会計方針を決定するのは経営者です。
　あるいは，棚卸資産が不良在庫化して廃棄しなければいけないので商品廃棄
損を計上する，固定資産の収益性が著しく低下しているので減損処理をする，
といった判断を行ったり，売掛金のうち，どの程度を回収不可能と見積もって
貸倒引当金を計上するのか，こういった会計上の見積りを行うのも経営者です。
　経営者が100人いればおそらく100通りの判断があるように，1つの会計事象
について絶対的な1つの正解があるわけではない，同じ会計事象であっても異
なる会計数値，財務諸表ができる可能性がある，ということです。

　そして，現在の監査は，「試査」によって行われています。
　財務諸表のもととなっている証憑や会計処理などを1つひとつ，すべて
チェックすることを「精査」といいますが，財務諸表全体について精査を行う
ことは実質的に不可能です。
　そこで，チェック対象から一部の項目を抜き出して監査を行う「試査」とい
う方法をとることになります。監査人は経済環境や企業を取り巻く状況，商慣
行や取引，個々の会計項目が持っているリスク等を勘案して，試査の範囲や方
法を決定しますが，すべてをチェックしているわけではない以上，そこに絶対
的な保証を求めるべくもないのです。
　さらに，試査は内部統制が適切に整備され，運用されていることを前提とし

ています。内部統制が適切に整備・運用されているというのは，会計処理の過程で間違いがあれば，それは業務プロセスのどこかで発見され，修正されるということです。

　内部統制が適切に整備・運用されることで，監査の対象となる母集団は一定の均質性が確保されます。もちろん，内部統制が有効であってもそれをすり抜けて間違った会計処理がされることはあるでしょう。しかし，それは均質な母集団に含まれた異質な要素として浮き上がってくるのです。

　この均質な母集団について，サンプリングなどの方法で抽出された項目は母集団の特徴を反映しているので，その項目に対する監査結果は母集団全体に敷衍できる，という理屈が，監査が試査によって立つ根拠になっています。

　したがって，内部統制が有効でなければ，試査によって行われる会計監査は正しい結論を得られないのです。

　会計監査のあるなしにかかわらず，粉飾が起こる可能性はあります。粉飾そのものがなくなることもないでしょう。粉飾が起こったときに，それを適時適切に修正するのが内部統制ですが，内部統制を整備・運用するのも"人"である以上，粉飾が内部統制をすり抜けることもあります。

　内部統制をすり抜けた粉飾をすくい上げることができれば，それは会計監査の面目躍如というところでしょうが，監査の方法が試査によっている以上，粉飾が抽出されず，結果として監査をすり抜けるということもあるのです。

■ 粉飾があっても監査法人にペナルティがないときがあるのはなぜか

　監査人に対する法定のペナルティとしては，おおまかに損害賠償と行政処分があります。

　損害賠償は民事上の責任ですが，これには民法の規定によるもの，会社法の規定によるもの，金融商品取引法の規定によるものがあります。

■民法の規定によるもの

- 債務不履行責任（民法第412条・415条・416条）
- 不法行為責任（民法第709条・710条）
- 使用者責任（民法第715条）

■会社法の規定によるもの

- 株式会社（被監査会社）に対する損害賠償責任（会社法第423条第1項）
- 第三者に対する損害賠償責任（会社法第429条第1項・第2項第4号）

■金融商品取引法の規定によるもの

- 虚偽記載のある届出書等に対する発行市場における責任（金融商品取引法第21条第1項第3号）
- 虚偽記載のある届出書等に対する流通市場における責任（金融商品取引法第22条）
- 虚偽記載のある有価証券報告書に対する責任（金融商品取引法第24条の4）
- 虚偽記載のある内部統制報告書に対する責任（金融商品取引法第24条の4の6）
- 虚偽記載のある四半期報告書に対する責任（金融商品取引法第24条の4の7第4項）
- 虚偽記載のある半期報告書に対する責任（金融商品取引法第24条の5第5項）

　行政処分は，会計士法に定められている公認会計士等の行政上の責任に関する定めに違反した場合に，内閣総理大臣（金融庁長官）によって受ける行政上の処分です。たとえば，監査人が故意や相当の注意を怠ったことによる虚偽証明・不当証明を行った場合，業務停止や登録抹消という懲戒処分がされます（会計士法第30条第2項など）。

　2001年に米国でエンロン事件が発生した際，監査人を務めていたのはアーサー・アンダーセンという世界有数の会計事務所でした。アーサー・アンダーセンに対する社会的信頼はエンロン事件によって失墜，解散に追い込まれました。

　2005年にカネボウ（当時）の粉飾決算が明るみに出た際，監査人を務めてい

たのは中央青山監査法人（後の，みすず監査法人）でした。中央青山監査法人は，2006年5月に金融庁から監査業務停止（2カ月）の行政処分を受けました。その後，別の会社に対する監査における不祥事によってさらに信頼を損ない，2007年に解散しました。

　この2つの事例は，監査人が会計不正を見逃したことによる結果の最たる例ですが，これらは社会的ペナルティの結果であって，法が用意しているペナルティによるものではありません。そして実際，粉飾事件があっても監査人には法的ペナルティが課されない，あるいは課されていないように思える事例も少なくありません。

　たとえば，近年話題になったオリンパス事件です。財テクの失敗等による1,000億円近い損失を15年以上にわたって隠蔽してきた事例ですが，監査人として関与していたあずさ監査法人（2009年まで）と新日本監査法人は，2012年7月に金融庁の業務改善命令を受けたものの，それ以上のペナルティは受けていません。

　さらに，巨額の資金を元会長の遊興費として融通していたという大王製紙事件については，その監査人である監査法人トーマツに対しては，金融庁も日本

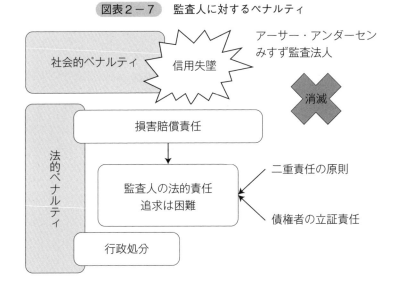

図表2－7　監査人に対するペナルティ

公認会計士協会も処分をしないことを公表しています。

　日本公認会計士協会の法規委員会研究報告第15号「監査人の法的責任に関する裁判例」（2013年6月27日）という報告書に，公認会計士あるいは監査法人の法的責任が裁判で問われた事例が都合16件，紹介されています。

　これら16件の裁判例のうち，監査人に対する民事責任が認められたケースはわずかに4件（うち1件は控訴審で責任を否定）にすぎません。

　このように，粉飾があっても監査人に対する責任追及は難しいのが現状です。しかしそれは，経営者による財務諸表の作成責任と監査人による監査意見表明責任を明確に区別するという，いわゆる「二重責任の原則」にもとづいて，監査人が職業的専門家としての正当な注意を払って監査を行った場合には，その責任を果たしたことになるという大原則があるためです。

　さらには，たとえば債務不履行責任の追及においては，財務諸表のどの部分が虚偽記載で，監査人が実施した業務のどの部分が債務不履行にあたるかを，債権者（一般には原告側）が具体的に立証する必要があるなど，責任追及のハードルが高いのです。これに対して，監査人側が行うべき無過失の挙証には，原則として，一般に公正妥当と認められる監査の基準に従って，適切な監査調書を作成していれば足りると考えられることに要因があると思われます。

　最近の監査実務では，「職業的専門家としての正当な注意を払って」いることを明らかにするために（悪くいえば，一種の訴訟対策として），「穴のない」監査調書の作成が求められる傾向にあります。これにより，監査時間が平均的に以前より延びていることは間違いありません。

■ 監査が被監査会社の依頼に基づいて行われているのはなぜか

　会計監査人は株主総会によって選任されます（会社法第329条第1項）が，ここで，監査が被監査会社からの依頼に基づいて行われることを説明するのには，「エージェンシー理論」（プリンシパル＝エージェント理論）が使われます。

　その内容を要約すると次のようになります。

　株式会社では所有と経営が分離し，所有者（株主）は直接経営を行わず，経営者（エージェント＝代理人）に経営を委託しています。経営者が完璧に誠実

であり，不正を行わず，株主のために受託責任を果たすのであれば，株主はなんの心配もなく，経営を委託することができるでしょう。

しかし実際は，株主と経営者の利害の不一致，両者の有する情報の非対称性などから，経営者が自己の利益を図るために株主の利益を犠牲にする可能性があります。

また会社の規模が大きくなると，経営者の目が行き届かずに不正が生じる可能性があります。そうなると，株主は経営を安心して委託することができません。経営者も自己の正当性を主張し，受託責任を解除しなければ，損害賠償責任を負う危険性が出てきます。

こうした受委託問題を解決するために，所有者である株主が直接，経営者の行為の正当性を評価することも考えられますが，実際問題として現実的ではありません。

そこで，株主からも経営者からも独立した立場の第三者である監査人が，所有者である株主（株主総会）の委託に基づいて，あるいは，自己の受託責任を解除するために経営者の委託に基づいて，財務諸表を通じて経営者の行為の適正性を判断するのです（会社法第330条）。

図表2－8　監査人の立ち位置

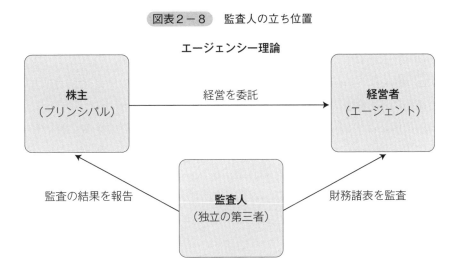

ところで，ここにはいくつかの問題があります。

　まず，会計監査人は株主総会によって選任されますが，その選任議案の決定権，監査報酬の決定権は監査される側である経営者（取締役会）が持っています。これでは会計監査人の顔が，もっぱら経営者の側を向くことは容易に想像できます。

　これを「インセンティブのねじれ」と呼んだりします。

　「インセンティブのねじれ」の解消のために，会計監査人の選任議案の決定権，監査報酬の決定権を経営者ではなく，監査役（会）に付与すべきだという議論がありますが，現在の会社法では，監査役（会）には取締役の議案に対する同意権しか与えられていません（会社法第344条，399条）。

　また，理論的には，金融商品取引法上の監査人の法律上の立場と，会社法上の会計監査人との関係が問題になります。先述したとおり，株式会社と会計監査人の関係は，受委託関係にありますが，一方，金融商品取引法に基づく監査契約の法的性質は，金融商品取引法には規定がなく，明確にされていません。株主総会で選任されるのは会計監査人であって，金融商品取引法上の監査人ではありません。

　しかしながら，金融商品取引法の適用会社の多くは会計監査人設置会社であり，金融商品取引法監査を行う監査人と，会社法監査を行う会計監査人は，通常同一の監査法人または公認会計士が就いています。

　つまり，金融商品取引法の監査人についても，実質的に経営者によってその去就の決定権が握られているといえます。

　このような制度上の問題があるため，監査人は経営者に厳しいことが言えないのではないか，株主よりも監査契約，監査報酬という自身の利益を優先させるのではないか，という批判がありますが，監査人の独立性を維持するためにどのような法制度が望ましいかの議論は進んでいません。

■ 監査法人の言うことを聞かないとどうなるか
〜監査差異があったとき

監査の過程ではさまざまな問題が出てきます。それは単純な間違いの発見で

あったりもしますが，経営者の判断や見積りについて監査人との見解が相違したりといったことが起こることもあります。

　単純な間違いであれば，監査人の指摘を受けてそれを修正することに会社側も抵抗はないでしょう。経理担当の方々は基本的にきっちりされていて，なるべく間違いはなくそうと努力されているからです。加えて，監査人の側も，軽微な間違いであればあえて修正を依頼することもないでしょう。重要性が低い場合は，そのような判断をすることもあります。

　監査人は，監査を実施するにあたって「重要性の基準値」を設定します。重要性の基準値とは，財務諸表において重要な虚偽表示であると判断する金額のことをいいます。重要性の基準値をはるかに下回るような金額的誤りは，それを修正しなかったとしても，財務諸表利用者の判断に影響を与えないと考えられるため，あえて修正を依頼しないこともあります。

　一方で，金額的誤りが重要性の基準値を上回るような場合や，金額的な重要性（量的重要性）は低いけれども質的重要性は高いというような場合は，修正を依頼することになります。

　ところで，現代の財務諸表ではその作成過程において多くの見積り（会計上の見積り）がなされています。

　たとえば，売掛金のうちどれほどが将来回収不能になるかという見積りは，貸倒引当金の計上の問題になります。

　減損会計では固定資産の収益性の低下を判断する際に，将来キャッシュ・フローを見積ります。

　税効果会計では繰延資産の回収可能性を判断する際に，将来の課税所得の発生等を見積ります。

　退職給付会計は，将来の退職給付見込額，年金資産の期待収益率，平均残存勤務期間など，見積りのオンパレードです。

　このような会計上の見積りは，経営者の判断に依存するところですが，その判断と監査人の見解が相違することがあります。

　監査人が修正を依頼する理由が，先に述べたような会計処理の誤りであり，

図表2-9　経営者と監査人の意見の相違

客観的にみて正しい結論が別にある，というのであれば話は誤りを正すか正さないかというだけですが，会計上の見積りのような，正しい答えがあるわけではない場合は厄介です。

　経営者と監査人，双方が自分の考えだけを主張しても問題は解決しませんので，お互いが歩み寄り譲歩しあうことになりますが，いずれにしてもハイレベルで緊張した協議が必要な場面が展開されます。

　こうした協議が不調に終わり，監査人の修正依頼が受けいれられない場合はどうなるでしょう。かつて某ドラマであったような「監査法人は御社の決算書を認めません」というような，監査人が威勢のいい啖呵を切る場面は残念ながらほとんどありません。

　修正依頼は受けいれられなかったものの，監査意見を表明する場合，制度上は，次の3つの対応が監査報告書においてなされます。

　まず，不適切な事項が一部存在するけれども，それが財務諸表全体に対して及ぼす重要性がそれほど高くないと監査人が判断した場合は，「限定付適正意見」が表明されます。

　次に，不適切な事項があって，それが財務諸表全体に対して重要な影響を及

ぼすと監査人が判断した場合は，「不適正意見」が表明されます。

　いずれの監査意見も，上場廃止基準に抵触するため，このような監査報告書が出た場合には，いわゆる一発退場（上場廃止）になると思われます。

　もっとも，限定付適正意見はいまやほとんどなく（以前は重要な会計方針の変更に関するものがありましたが），不適正意見については事例がありません。いずれの監査意見も上場廃止に直結しますので，監査法人は慎重になりますし，会社側もそれだけは避けようとするからです。

　これら限定付適正意見や不適正意見の代わりに比較的よく目にするのが「意見不表明」です。意見不表明とするのは，監査人が重要な監査手続を実施できなかったことにより，監査意見を形成するに足る基礎を得られないとき（監査基準第四の一の4）ですが，このあたりは比較的幅の広い解釈がされているようです。

　修正依頼が受けいれられず，会社は意見不表明の監査意見も許容できないという場合があります。意見不表明であっても，社会的には「あの会社は危ない」という一定のシグナル効果があると考えられるからです。

　そこで，会社としては何としても（財務諸表は変えずに）無限定適正意見を手に入れるため，監査人を交代させるという，いわゆるオピニオン・ショッピングのようなことが行われることもあります。もっともこの場合でも，本来交代すべき時期ではないタイミングで監査人が辞任することによるシグナル効果はあると思われますが，こうしたケースは，投資家として注意が必要な場面です。

■ 監査とレビューはどう違うか

　2008年4月1日以降開始する事業年度から，金融商品取引法に基づく四半期報告書制度が導入されました。

　四半期報告書制度とは，上場企業等に，事業年度を3カ月ごとに区分した期間ごとに四半期報告書の提出を義務づけ，四半期報告書に掲載される四半期財務諸表について監査証明を受けなければならないというものです（金融商品取引

法第24条の4の7，第193条の2第1項）。

　そして，この四半期財務諸表に対する監査の方法として，四半期レビューが導入されました。

　ここで，監査とレビューの違いを，監査基準と四半期レビュー基準をもとに比較してみます。

■監査基準

> 第一 監査の目的
> 　財務諸表監査の目的は，経営者の作成した財務諸表が，一般に公正妥当と認められる企業会計の基準に準拠して，企業の財政状態，経営成績及びキャッシュ・フローの状況をすべての重要な点において適正に表示しているかどうかについて，監査人が自ら入手した監査証拠に基づいて判断した結果を意見として表明することにある。
> 　財務諸表の表示が適正である旨の監査人の意見は，財務諸表には，全体として重要な虚偽の表示がないということについて，合理的な保証を得たとの監査人の判断を含んでいる。

■四半期レビュー基準

> 第一 四半期レビューの目的
> 　四半期レビューの目的は，経営者の作成した四半期財務諸表について，一般に公正妥当と認められる四半期財務諸表の作成基準に準拠して，企業の財政状態，経営成績及びキャッシュ・フローの状況を適正に表示していないと信じさせる事項がすべての重要な点において認められなかったかどうかに関し，監査人が自ら入手した証拠に基づいて判断した結果を結論として表明することにある。
> 　四半期レビューにおける監査人の結論は，四半期財務諸表に重要な虚偽の表示があるときに不適切な結論を表明するリスクを適度な水準に抑えるために必要な手続を実施して表明されるものであるが，四半期レビューは，財務諸表には全体として重要な虚偽の表示がないということについて合理的な保証を得るために実施される年度の財務諸表の監査と同様の保証を得ることを目的とするものではない。

　まず，四半期レビューの目的の最後尾に，レビューは「監査と同様の保証を得ることを目的とするものではない」とあります。

　両者の違いは，監査では「すべての重要な点において適正に表示しているかどうか」が主題であり，その結果は「意見」として表明されるのに対して，レビューでは「適正に表示していないと信じさせる事項がすべての重要な点において認められなかったかどうか」が主題であり，その結果は「結論」として表明される点にあります。

　監査意見が，財務諸表の適正性に対する積極的な結論の表明であるのに対して，レビューでは，適正でないとは認められないという消極的な結論の表明になっていて，保証の水準は低いといえます。

　また，手続の点でも両者は違いがあります。

　四半期レビュー手続は，質問や分析的手続等が中心で，監査手続として行われるような内部統制の運用評価手続や実査，立会，確認，証憑突合，質問に対する回答についての証拠の入手およびその他の実証的手続による証拠の入手は，要求されないと解されています（四半期レビューに関する実務指針第11項）。

　監査に比べて保証水準が低い分だけ，手続も簡素化されていると言えます。

図表2－10　監査とレビューの違い

監査	レビュー
意見の表明	結論の表明
適正に表示しているか	適正に表示していないと認められないか
内部統制の評価手続	
詳細な実証的監査手続	簡素化された手続
↓	↓
保証の水準＝高い	保証の水準＝低い

■ 不正を防ぐ監査

　2008年4月1日以降開始する事業年度から内部統制監査が始まりましたが，それ以降も粉飾決算や会計不正は後を絶ちません。

　とくに2011年に発覚したオリンパス事件と大王製紙事件は，ともに一部上場の有名企業ということ，オリンパス事件については粉飾決算が発覚するまでの経緯がドラマチックだったことから，大王製紙事件は創業家出身者が上場企業を私物化してギャンブルに興じていたという週刊誌的な内容から，社会的なインパクトの大きなものでした。

　2015年には東芝でも不適切会計問題が起こっています。このような大型の会計不正事件以外でも，日本公認会計士協会が公表した「上場会社等における会計不正の動向（2019年版）」によると，上場会社の会計不正の公表会社数は，おおむね年間30社前後で推移しているようです。

　こうした会計不正に対して，監査人が社会から期待される役割を果たしていないという批判が起こりました。

　公認会計士側の主張はこうです。

　　――会計監査は，財務諸表に粉飾や間違いが全くないことを保証するのではなく，財務諸表が全体として利用者の判断を誤らせない程度に適正であることを保証することにある。監査が試査によって行われる以上，すべての不正を発見することはできないし，制度上も不正を発見することは一義的には期待されていない。

　そして，「期待ギャップ」という言葉が持ち出されます。期待ギャップというのは，監査に対する社会の期待と監査人が実施する監査の内容にギャップがあることをいいます。つまり，監査というと世間一般の人々は，監査人が会社の不正を摘発することを期待するかもしれないが，監査は財務諸表の適正性を合理的な範囲で保証しているに過ぎないのだから，そこを正しく理解してください，というわけです。

　しかしこの公認会計士側からの主張は，発言力の弱さもあってか，社会的にはあまり浸透していないようです。会計不正があれば，監査人は何をしていた

のか，どうして不正を事前に見抜けなかったのか，と批判されるのです。

　こうした批判をそのままにしておくことは，公認会計士による監査制度の存立基盤である，社会的信頼性を損ないかねません。そこで，監督官庁である金融庁が主導する形で，2013年3月に「監査における不正リスク対応基準」が公表されました。

　この不正リスク対応基準が設定されるまでの段階では，主に公認会計士の間で大きな議論を巻き起こしました。不正の摘発が監査の目的に入れられてしまうと，監査人の責任は一気に重くなるからです。

　しかしながら，これほどまでに重大な会計不正をなぜ見抜けなかったんだという批判に応えなければ，公認会計士に対する風当たりは強くなるばかりという危機感が公認会計士の側にもありましたので，不正リスク対応基準を受容することになったようです。

　もっとも，この不正リスク対応基準ができたからといって，すべてのこれまで監査で発見されなかった（できなかった）不正が発見されるようになるかといえば，それは期待できないでしょう。

【監査における不正リスク対応基準の設定について】

> 二　監査における不正リスク対応基準の設定について
> 2　不正リスク対応基準の基本的な考え方
> （2）
> 本基準は，財務諸表監査の目的を変えるものではなく，不正摘発自体を意図するものでもない。本基準は，財務諸表監査における不正による重要な虚偽表示のリスク（以下「不正リスク」という。）に対応する監査手続等を規定しているものである。
> （3）
> 本基準は，過重な監査手続を求めるものではなく（中略）不正リスクを適切に評価し，評価した不正リスクに対応した適切な監査手続が実施されるように監査手続の明確化を図ったものである。

図表２−11　不正リスク対応基準

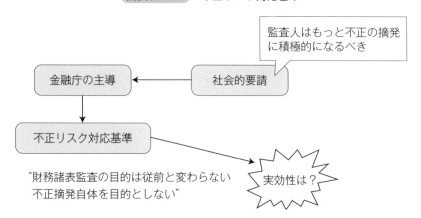

　さらに，昨今は，監査報告書の利用者に監査のプロセスに関する情報提供を充実させ，監査の透明化を高めるという動きは世界的な潮流にあるといえます。日本でも2018年７月５日に，「監査基準の改訂に関する意見書」が公表され，監査上の主要な検討事項（Key Audit Matters）の導入が決定されました。

　監査上の主要な検討事項とは，監査の過程で検討した重要事項のうち，特に重要と判断した事項のことをいい，金融商品取引法に基づく有価証券報告書等提出会社（一定の企業を除く）については，監査人の監査報告書の中で記載することが義務付けられました。

　この記載によって，監査人が財務諸表監査の中でどのような点を重点事項であると考え，どのように対応したかが明らかになります。また，財務諸表の利用者が誤った判断をしないように，企業側にも情報の充実を促すことにもなります。これらにより，財務諸表と監査報告書の利用者に対して，これまで以上に充実した情報が提供されることとなるものと考えられています。

　今後も，財務諸表や監査に関わる情報を充実させようとする流れが止まることはないでしょう。

■ IFRS導入後の監査はこうなる

　IFRSについては，2009年当初，2012年に強制適用の判断を行い，早ければ2015年3月期からの適用開始という見込みで議論がされていましたが，2011年6月に当時の金融担当大臣が2015年3月期からの強制適用はなく，仮に強制適用をする場合でも，十分な期間の設定を行う旨を公にしました。そしてそれ以後は，強制適用の時期が明確にされていません。

　IFRSの強制適用については，会計基準と財務諸表の開示の話だけをしているから一向に進捗がないのです。企業側からの，「IFRSを強制適用して，何かメリットがあるの？」という疑問に誰も答えられないのが本質的な問題です。

　本来は，日本証券取引所が「IFRSを適用すれば，海外の証券市場にいつでも上場して資金調達ができる」という準備をするのが先なはずです。

　そのためには，日本証券取引所自身が，海外の証券取引所と資本提携を含めた業務提携をして，日本においても世界中の優良企業への投資ができて，なおかつ日本企業がいつでも世界中から資金調達できるという体制を作らないといけないはずです。

　「このチャンスを活かしたければIFRSを適用して，チャンスに乗っかってください。できなければ非上場企業へ戻るか，もしくはグローバルマーケットとは別に札幌，名古屋，福岡等の証券市場を日本ローカル専門の証券市場として，ローカルマーケットのみでの上場を選択し続けるかしてください」という方法もあるはずです。

　いずれにしても，会計基準の問題としてだけの認識しかなく，負担を強いられる企業側のメリットがまったく議論されていない現状では，強制適用時期の議論が進まないのも無理はありません。

　しかし，IFRSを任意適用する企業は増えており，2020年9月現在のIFRS適用済会社数と適用決定会社数の合計は226社となっています。今後もグローバル企業を中心にIFRSを任意適用する企業は増えていくものと考えられます。

　IFRS導入後の監査については，混乱することは間違いありません。なぜなら，

IFRSを適用している欧州企業の開示資料を見れば一目瞭然ですが，会計方針や注記のボリュームが多く，そのフォーマットも会社ごとに異なっているからです。

つまり監査現場においても，被監査会社ごとにバラエティと柔軟性に富んだ対応が必要となってくるはずですが，監査手続のマニュアル化，画一化の進んでいる現行の監査実務において，現場の監査人が自分の頭で考えて結論づける余地がとても狭く，困難になっているのです。

監査を受ける会社側の対策としては，監査人が監査において，いったい何をしているのかを本書で理解し，会社主導で監査対応を進められるよう今から準備しておくことがIFRS時代の監査で予想される混乱に対する最大の防止策といってよいでしょう。

第3章
リスクアプローチを中心とした
監査の体系的な理解と対応

■ リスクアプローチ監査

　3月決算会社の場合，監査人が監査計画を作るのは6月ないし7月になります。3月決算会社の監査手続は，5月にピークを迎え，6月になると有価証券報告書のチェックの作業はあるものの工数が減ってくるため，翌期の監査計画を立て始めます。

　監査計画を立てるうえで重要となるのが，リスクアプローチです。現在の監査基準では，監査計画はこのリスクアプローチという概念に基づいて立案することになっています。

　リスクアプローチとは，リスクの高低に比例して実務上の優先順位を決めることをいいます。つまり，リスクが高い項目については，時間をかけて経験値の高い会計士を当ててきちんとやりましょう，リスクの低い項目については，比較的簡単な監査手続を行いましょう，ということです。

　監査は限られた時間と人数で，会社の決算数値について，重要な誤りがないことを保証する必要があるため，すべての項目を精査することはできません。精査とは，すべての伝票を証拠書類とチェックすることですが，それをしていたら，いつまでたっても監査報告書を提出できません。現実的に考えて監査は，精査ではなく，試査を前提に行うことになります。試査とは，精査とは逆の概念で，いわゆるサンプルチェックのことです。その試査を行う際に重要となるのがこのリスクアプローチという考え方です。

■ リスクとは

　リスクアプローチを実践するには，リスクを定義する必要があります。ここでいうリスクとは，監査リスクを指し，粉飾や決算数値の誤りを監査人が見過ごして決算数値は正しいという監査報告書を出してしまう可能性のことをいいます。決算数値の誤りには，わざとやったのではなくて，うっかりミスで間違えてしまったものも含まれます。監査では，監査リスクを，一定水準以下に抑えることが求められます。

　図表３－１のとおり，監査リスクは，監査を受けている会社側に存在するリスクと監査人側に存在するリスクに分けることができます。会社側に存在するリスクを重要な虚偽表示のリスクといい，監査人側に存在するリスクを発見リスクといいます。さらに会社側に存在する重要な虚偽表示のリスクは，固有リスクと統制リスクに分解されます。

図表３－１　リスク概念図

■ 固有リスクとは

　固有リスクとは，内部統制がないと仮定した状況において，財務諸表に重要な虚偽表示が発生する可能性をいいます。つまり，企業の経営環境のそのものに影響を受けるリスクや各項目自体が有しているリスクです。

　複雑な計算や見積りの要素を含む勘定科目などが固有リスクの高いものの代表例です。例えば事業構造改革引当金を計上する場合，見積りを誰がしても非常に難しくなります。この場合，そもそもその科目自体にリスクが高いという

ことになります。さらに，売上や売掛金も一般的にリスクの高い科目と考えられます。企業が粉飾をしようとする場合，架空の売上と売掛金を計上することが多く，粉飾決算で使われやすいという意味で，固有リスクが高いといえます。

　固有のリスクが高いものに関しては，サンプル数を増やすなどして，監査手続を十分に実施することで，この監査リスクを一定レベルに抑える必要があります。たとえば，引当金や売上など固有のリスクが高い科目の監査手続は，監査法人に入って1年目や2年目の人は担当しません。これはリスクアプローチの観点から，監査担当者のリソースを適正配分しているのです。

　監査手続の視点からみると，売上の架空計上は，期末日直前に行われることが多いため，期末に近づいたときに重点的にチェックする必要があるわけです。あるいは，決算が締まったあとに決算日前後の売上取引だけ重点的に監査することがあります。これは，固有リスクが高いため実施している監査手続ということになります。

　一方で，預金などは，通帳を見れば実際に存在するかどうかすぐにわかるため，固有のリスクは一般的には低いと考えられます。

　固有リスクが高ければ，監査人が時間をかけてじっくりと監査をしますので，それに備えてどんなところに固有リスクがあるかをあらかじめ把握し，関連資料などは十分に整備しておくことをお勧めします。そうすることで監査はスムーズに行われ，監査工数を削減することが可能になるはずです。

■ 統制リスクとは

　統制リスクとは，決算数値の誤りが企業の内部統制によって防止または発見されない可能性のことです。社内で適切にチェック体制が整備されていれば統制リスクは低いということになります。

　たとえば，現金を担当者が毎日実査して，さらにそれを上司が毎日承認しているのであれば，現金に対する統制リスクは低いと言えるでしょう。一方で，社内で現金についてのチェックを誰もしていないため，いつも勘定明細と帳簿残高が一致しないうえに，請求書の計上漏れが毎回あるとなると，社内のチェック体制がうまく機能していないということですから，統制リスクが高いという

ことになります。

　統制リスクが高い場合，監査人は，監査手続の工数を増やして数多くの証拠を検証することになります。統制リスクを減少させようと思ったら，内部統制をしっかり構築する必要があるということです。会社のことを監査人が信用していなければ信用していないほど，監査工数は増えてしまいます。

　J-SOXを担当されている方はおわかりかと思いますが，この統制リスクの評価というのは，相当な工数がかかります。

　監査人は，まず会社の内部統制を理解して暫定的にその評価したうえで，主なコントロールごとに運用テストと呼ばれるサンプルチェックをかなりのボリュームで実施します。もしこのテストでエラーがあった場合は，さらに追加でテストを実施することもありますし，そもそもエラーがたくさん見つかれば統制リスクが高くなるので，監査手続が増加します。

　内部統制をしっかりと整備して運用することは，会社にとっては当然に重要なことなのですが，監査工数を減らすという意味でも重要になるのです。

■ 発見リスクとは

　発見リスクとは，監査手続を行っても誤りが発見されない可能性のことです。固有リスクと統制リスクは会社側に存在するリスクですが，発見リスクは監査人側のリスクになります。

　リスクアプローチの目的は，監査リスクを一定水準以下に抑えることです。別の視点でいうと，監査の目的は，会社の決算書を利用する人の意思決定を誤ることがないように決算書を保証することですから，決算書の利用者の意思決定の判断が誤ることがないレベルまで，決算書の誤りを防ぐことが必要になってきます。

　したがって，監査リスクは，必ず一定水準以下に抑えなければならず，所与のものと言えます。さらに，固有リスクと統制リスクは会社側に存在するリスクですから，監査人はこれらは評価するのみで，監査人が大きくしたり小さくしたりすることはできません。結果として，発見リスクは，逆算的に導き出さ

れてくることになります。

　この発見リスクのレベルに応じて，どのような監査手続を実施すべきか，いつ実施するか，またそのサンプル件数はどの程度にするかを項目ごとに決定していくことになります。

　一般的には，固有リスクは「高」と「低」の2段階に，統制リスクは「高」「中」「低」3段階のリスクレベルで評価します。固有リスクも統制リスクも高い場合は，発見リスクを低くしなければ，監査リスクを一定水準以下に抑えること

図表3−2　監査リスク

監査リスク	=	虚偽表示リスク	×	発見リスク
‖		‖		
一定水準以下		固有リスク×統制リスク		
		会社のリスク	→	監査人のリスク

図表3−3　リスクアプローチの具体例

固有リスクの評価	技術革新が早い業界に置かれて，特定の製品が陳腐化し，棚卸資産の勘定残高が過大に表示されるリスクがある。	

統制リスクの評価	在庫評価の別担当者による検証・承認，上長による承認など適正な評価を行うためのプロセスがある。	担当者による一次評価と形式的な上長の承認が行われているのみ。

発見リスクの決定	統制により虚偽表示が防止される可能性が高い。 →監査人がサンプルをいくつか抽出し評価の妥当性を検証する。	発見リスクを下げるような強い監査手続が必要となる。 →監査人が自ら在庫評価を再実施する。

監査リスク	いずれにしても監査リスクは低く抑えられる。

ができないことになります。

　一方で，固有リスクが高い場合でも，統制リスクが低いのであれば，発見リスクは中レベルでも監査リスクを一定水準以下に抑えることができるということになるわけです。このようなリスクアプローチの考え方について，具体例を使って説明したのが，図表3-3です。

■ リスクアプローチを社内で活用する

　このような方法で，すべての科目について監査手続を考えるため，監査計画の立案には，かなりの工数がかかります。しかし，このリスクアプローチという考え方は，監査人の監査だけでなく，社内において決算書に重要な誤りがないかを検証するうえでも，有効な考え方です。

　一般的に数値のチェックというと，伝票を一枚ずつ請求書や領収書と突き合わせていく方法をイメージするかと思います。このような二重チェックも確かに重要ですが，個々の小さいエラーを防ぐことはできても，大きなエラーを見つけることができないという欠点があります。

　伝票と請求書を1枚1枚チェックすれば，金額や勘定科目の誤りには気づくはずです。ただし，そもそも請求書が経理に回ってきていない場合は，伝票自体が存在しないわけですから，経費の計上漏れに気づくことができないのです。一方で，社内のある部署がいつも請求書を回してくるのが遅いとわかっているのであれば，前もって期限を守るように連絡することでこれを防ぐことができるでしょう。

　また，決算数値に最終的に大きなインパクトを与えるのは，固定資産の減損や，繰延税金資産の回収可能性の評価といった固有リスクがそもそも高い項目です。そういった固有リスクが高い項目をあらかじめ把握し，前もって監査人と協議しておくことで，決算発表の数日前に決算数値を大きく修正するといったこともなくすことが可能になります。

■ リスクアプローチの弱点

　このように，リスクアプローチは有効な方法であるのですが，リスクの定量化が非常に難しいことが弱点です。固有リスクおよび統制リスクはそのリスク度合に応じて区分して評価するわけですが，同じ事象であっても，業種や会社によって，その評価は異なってくるはずです。そのリスク評価を誤れば，本来必要な監査手続が十分になされず，決算数値の誤りを発見できなくなる可能性もあります。一方で，過度な監査手続を行えば，会社に負担をかける可能性もあります。

　またリスク評価の過程は，すべて監査調書としてドキュメンテーション（文書化）しなければなりません。これは監査法人内の審査だけでなく，公認会計士協会のレビュー，金融庁の検査および訴訟にも耐え得るものでなければなりません。これに対応するため，リスク評価の方法もかなりマニュアル化されています。監査基準自体にも詳細に規定されてはいるのですが，各監査法人内でより具体的な基準を定め，それに従ってドキュメンテーションをしていくことになります。

　大手監査法人では，アーンスト・アンド・ヤング，KPMGといった国際的な監査法人のメンバーファームとなっており，このグローバルネットワークの監査マニュアルを使っています。グローバルネットワークは，全世界で品質管理を統一し，国際監査基準が求める監査水準に対応する必要があるため，監査マニュアルもグローバルバージョンで均一化することになります。しかし，この監査マニュアルが，それぞれの国の経済実態や商慣習と一致しない部分が出てきます。この監査マニュアルをそのまま利用すると，実態に合っていないリスク評価がなされ，リスクアプローチが十分に機能しないというケースが生じてしまいます。

　それでもグローバルネットワークの監査マニュアルを使うことが許されるのは，その水準が日本より高いからです。グローバルといっても，多くはアメリカの監査マニュアルを採用していますが，日本のものよりもアメリカのほうが断然厳しいのです。そう考えると，アメリカに上場している，あるいはこれか

ら上場しよう，という会社の場合は必要かもしれませんが，日本のみで上場している会社の場合は厳しい基準に合わせ過ぎている可能性もあります。

　実務においてはこのような弊害はあるものの，やはりリスクアプローチという概念自体は非常に有効ですし，精査による監査が現実的に不可能であるためこの考え方を監査人は利用せざるを得ません。したがって，監査を受ける会社の方も，リスクアプローチによってリスクの評価をされているということを認識しておくことが重要です。

　すでに説明しましたが，会社側にできることは2つあり，1つは固有リスクを把握しておくことです。基本的には全ての科目について，監査法人は固有リスクを含めたリスクを評価しています。最終的には，不正や誤りなどを監査人が見逃さないように，監査手続を考えていきます。監査のために，なぜこのようなことをやらなければいけないのかと思われる部分があるとしたら，その部分の固有リスクが高いことが原因かもしれません。そのときは，リスクという観点から原因と対策を考えてみるとよいでしょう。

　もう1つは，内部統制のレベルを上げることです。監査人の売掛金の手続として，確認状の発送件数が多すぎるという場合，これは売掛金の内部統制について評価が低いということでしょう。確認状の発送件数を減らすためには，売掛金の内部統制のレベルをあげる必要があります。

■ 監査計画を立てる

　リスクアプローチを踏まえた監査計画とは，リスクアプローチを監査項目ごとに具体化する作業といえます。監査計画の立案は，監査の基本的な方針を立てて，その後に詳細な監査計画を立てることになります。監査の基本的な方針は，リスクアプローチを行う準備段階として，主に重要性，連結グループ各社に対する監査方針，監査チームの構成および年間の監査スケジュールを決めていくものです。詳細な監査計画は，リスクアプローチの考え方に従って，リスクを評価・識別して，対応する監査手続を立案するというプロセスになります。

■ 重要性

　重要性とは，リスクアプローチにおけるリスクの許容度と考えられます。リスクアプローチの目的は，監査リスクを一定水準以下に抑えることです。この一定水準がリスク許容度であり，重要性ということになります。そもそも監査の目的は，財務諸表に財務諸表の利用者の意思決定を誤るような虚偽記載がないことを保証することであって，財務諸表のすべてが正しいことを保証することではありません。

　たとえば，ある会社の税引前利益が，115百万円であっても113百万円であっても，財務諸表の利用者の判断が異なることはないと考えられれば，その範囲内の誤りは監査上許容されるということになります。この重要性は，監査を有効かつ効率的に実施するという監査の枠組の中でどうしても必要なもので，これなしにはリスクアプローチは成立せず，会社の伝票をすべて精査しないと監査報告書が提出できないことになってしまいます。

　言い換えると，この重要性というものは，監査人が財務諸表を正しいかどうか判断する際の基準値ということになります。実際に監査をしていて１円も間違いがないということはありません。したがって，ここまでであれば許容できるという基準を持たなくてはなりません。

　重要性の算定方法は，各監査人や監査法人内で決めています。この重要性は，監査基準で画一的に決定されているものではなく，各監査人や会社の状況によっても計算方法が異なってきます。

■ 重要性の種類

　重要性には種類があり，監査上はこれを使い分けています。まず基本となるのは，決算書が正しいか正しくないか判断する際の基準値です。これを「①重要性の基準値」といい，通常は，会社の特定の指標を選んで，これに一定の割合を乗ずることで算定します。たとえば，税引前利益の５％以内，という具合で決定します。税引前利益の５％が，最も多いケースと考えられますが，赤字

の場合の算定方法や売上規模に比べ，あまりにも利益が僅少な場合の算定方法は，各監査法人や監査人が別途算定方針を定めています。

　税引前利益の5％が採用されるのは，決算書の利用者の視点からの判断で，この程度の誤りであれば意思決定の判断基準としてもミスリードすることはないと考えられるためです。

　この重要性の基準値は，監査人が監査意見を表明する際の判断基準となりますが，監査手続は，一般的には勘定残高や財務諸表項目ごとに行っていきます。よって，各担当者がこの重要性の基準値のみを利用して監査を進めていったとして，たとえば，重要性の基準値を100とした場合に，売掛金の監査担当者が60の誤りを発見し，固定資産の監査担当者が60の誤りを発見したとすると，合計で120となり，100に設定した重要性の基準値を超えてしまう場合があります。そこで，重要性の基準値をベースに「②手続実施上の重要性」を定めます。これは，各勘定科目や財務諸表項目ごとに監査手続を実施していく際に目安となる基準値です。

　具体的には，重要性の基準値に一定率を乗じることで算定します。これはリスクに応じて比率を設定することになりますが，会社単位で一定率を定める場合や，勘定科目別にリスクに応じてその比率を変える場合もあります。どの程度の比率を乗じるかは，監査人や監査法人内の方針によりますが，5割から8割程度が一般的です。

　さらに，「③明らかに僅少な虚偽表示と想定する金額」を定めます。誤りを発見した場合には，修正が必要な項目を監査人は集計しますが，明らかに僅少な虚偽表示と想定する金額よりも小さい場合は，この集計表にも載せる必要がなくなります。この誤りは監査担当者レベルでパスできるということになります。

　監査の過程で発見された誤りの中で，最終的に修正されなかったものは，未修正項目として経営者確認書に記載し，経営者に確認をとることになります。ただし，明らかに僅少であれば，この確認書に記載する必要はありません。この「③明らかに僅少な虚偽表示と想定する金額」の算出方法も監査人もしくは監査法人よって異なりますが，重要性の基準値の5％～10％程度が一般的です。

　さらに，これらの重要性の基準値とは別に「④特定の取引種類，勘定残高または開示等に対する重要性の基準値」を設定することもあります。これは，「①重要性の基準値」よりも小さい金額であっても，財務諸表利用者にとって重要と判断するものがある場合や，開示が求められる金額などが該当します。

■ 重要性の具体例

　以上を整理すると，たとえば，税引前利益が400百万円であったとしたら，①重要性の基準値は，400百万円×5％＝20百万円となり，②手続実施上の重要性は，リスクの程度に応じて①に50％から80％を乗じて，10百万円から16

図表3−4　重要性の基準値と手続実施上の重要性の関係

- 重要性の基準値は，財務諸表全体に対するもの。
  それを基準に各勘定科目の監査手続を進めていれば，複数の誤りがあったとき重要性の基準値を超えてしまう。
  →重要性の基準値より低い金額の手続実施上の重要性を設定する

 重要性の基準値 ➡ 財務諸表全体レベルの目標

財務諸表全体で，単独でも複数を合計しても重要性の基準値を超える誤りがあってはいけない。各勘定科目レベルで許容できる誤りは重要性の基準値よりも低く設定する必要がある。

 手続実施上の重要性 ➡ 各勘定科目レベルの目標

- 手続実施上の重要性は，重要性の基準値に一定の割合を乗じて算定する。

	科目	リスク	重要性の基準値	一定の割合	手続実施上の重要性	監査手続
算出例	売掛金	過去に誤りを認識しており，リスクが高い	500	50%	250	より厳しい監査手続を実施
	預　金	過去に誤りは認識されておらず，リスクは低い	500	70%	350	通常の監査手続を実施

百万円程度，さらに③明らかに僅少な虚偽表示と想定する金額は，重要性の基準値20百万円の５％から10％ですから，１百万円から２百万円ということになります。

　これとは別に，たとえば関連当事者との取引で開示が必要であるため④特定の取引種類，勘定残高または開示等に対する重要性の基準値を10百万円に設定するという流れになります。

■ 連結財務諸表の重要性

　現在の決算書は，連結財務諸表が中心で，親会社を含めた複数の子会社の決算書を集計する必要があります。したがって，監査も親会社だけではなく，その子会社ごとに方針を考えていかなくてはなりません。

　持株会社がその典型です。もちろん親会社単独の決算数値も開示しますので持株会社自体も監査対象ですが，さらに重要な監査対象は連結財務諸表です。連結財務諸表とは，親会社の決算数値と各子会社の決算数値を集計して作成されるグループ全体の決算書です。持株会社の主たる事業はグループ全体の経営方針を定め，管理・運営することです。その持株会社単独の決算数値だけを見ても，投資家はその会社の業績を判断することができません。持株会社と各子会社を含めたグループ全体の決算書である連結財務諸表が重要になるわけです。したがって，連結財務諸表を作成している場合は，連結財務諸表監査用に，あらためて重要性を考慮する必要があります。重要性の基準値は，監査報告書を出す単位で設定する必要があるので，連結財務諸表と個別財務諸表についてそれぞれ設定することになります。そのため，連結財務諸表の基礎となる各子会社の監査を行う際の重要性の基準値をどのように設定するか考える必要があります。

　この場合，親会社の監査人が，連結財務諸表の重要性の基準値をベースに，それより低い金額で各子会社の重要性の基準値と手続実施上の重要性を決定し，各子会社の監査チームに連絡します。ここで設定する金額をどの程度にするかについても，各監査人や監査法人の方針によって異なります。一般的には，子会社の重要性に応じて，連結財務諸表の重要性の基準値の６割から９割ぐら

いに設定します。

　子会社の基準値は，連結財務諸表の重要性の基準値を子会社数で除して算出するわけではないので，各子会社の重要性の基準値を合計すると，連結財務諸表の重要性の基準値を超えるのが通常です。これは，すべての子会社で誤りが発見されることは想定されにくいためです。また，この各子会社の重要性の基準値に，一定割合を乗じて手続実施上の重要性を決定することになりますが，この一定の割合も親会社の手続実施上の重要性を決定した際と同様に，各監査人や監査法人の方針に従って，リスクに応じて決定することになります。

　ただし，重要性の論理は監査の枠組の中での考え方であって，通常の経理業務において，重要性の高い・低いによって担当者がいい加減な会計処理することを許容するものではありません。会社の数字は，伝票を1枚1枚作成し，積み上げて作成せざるを得ないわけです。経理の仕事の基本は，やはり1円単位まで数字を合わせることであると思います。

　ただし，特に決算においては，極めて限定された時間の中で仕事をするわけですから，1円のミスのために決算書を一から作り直していたら締め切りに間に合いません。そういった場合には，会社としても重要性を考慮することが必要になってきます。ただし，経理のマインドとしては，1円単位で正確な決算書を作成するということが重要でしょう。

■ 連結グループ各社に対する監査方針

　まず連結財務諸表における各子会社の重要性を判断して，監査の方針を概ね以下の3パターンに分けます。

　3つのパターンとは，①通常の監査をする会社，②重要な勘定科目，もしくはリスクの高い項目については監査を行い，それ以外は分析的手続のみを実施する会社，③分析的手続のみを実施する会社になります。分析的手続については，第4章（P.85）で詳しく説明しますが，決算数値について証拠書類とチェックするという手続ではなく，財務諸表全体の趨勢を分析したり，比率分析などを中心とした簡便的な手続です。この3つのパターンのどれを適用するかを，会社単位もしくは，勘定科目単位の重要性に応じて考えていくことにな

ります。

　次に，その方針が決まったら，それぞれの子会社をどの監査チームが担当するかを決める必要があります。もちろん親会社の監査チームがすべての子会社を監査するケースもありますが，グループの中に売上高が数千億円超の会社が何社もあるような場合は，親会社の監査チームだけで監査することは不可能です。そもそもそういった大規模な子会社になると，その会社自体が上場していて，子会社自体で監査を受けていたり，会社法監査を受けている場合もあるので，親会社と別の監査チームが監査することになります。

　在外子会社の場合，特に大手監査法人の場合は，同じグローバルネットワークの海外提携事務所に監査を依頼することが多いでしょう。なお，子会社が上場しているケースなどで，親会社と子会社で監査法人が違うケースもあります。この場合は，別の監査法人に監査を依頼することになりますが，この依頼先の監査人のことを監査基準では「他の監査人」といいます。

■ 年間の監査スケジュール

　ここまで監査計画を中心に説明してきましたが，次に監査の全体的なスケジュールを説明します。

　監査の仕事は，四半期レビューやJ-SOXが導入される以前は，繁忙期と閑散期がはっきりと分かれた季節労働的な要素がありました。しかし，四半期レビューが導入され，さらにJ-SOXが導入された後は，監査人が年中会社に訪問して何かしらの作業をしているということが多くなりました。また，日本には3月決算会社が多いわけですが，12月決算会社も少なくないため，その両方を担当している場合は忙しい状況にあるでしょう。

　ここで，3月決算会社の一般的な監査スケジュールを簡単に説明します。

　会社の決算のタイミングによって，四半期レビューや期末監査のスタートが前後しますが，概ね図表3−5のようなスケジュールになります。

　監査計画の立案に始まり，四半期レビューと期末監査の合間に内部統制の手続を実施していくのが一般的なスケジュールです。こう見ると年間にわたって，何らかの作業を実施していることがわかるかと思います。また，監査担当者は

図表3－5　監査スケジュールの例

項　　目	時　　期	内　　容
①監査計画の立案	6月～7月その後年間を通じて更新	監査計画の立案は，概ね第1四半期が始まる前に行うことになりますが，内部統制の評価はこの時点で終わりませんので，年間を通じて更新していくことになります。
②第1四半期レビュー	7月後半～8月前半	会社の第1四半期決算が締まった後から，四半期報告書を発表するまで実施します。
③内部統制の評価	8月～9月	J-SOXのテストは，四半期レビューの合間に実施するケースが多いでしょう。また財務諸表監査としての内部統制評価も実施します。
④第2四半期レビュー	10月前半～11月前半	会社の第2四半期決算が締まった後から，四半期報告書を発表するまで実施します。
⑤内部統制の評価	11月～12月	内部統制の評価の続き，もしくは更新作業が必要になってきます。
⑥第3四半期のレビュー	1月後半～2月前半	会社の第3四半期決算が締まった後から，四半期報告書を発表するまで実施します。
⑦内部統制の評価	2月～3月	内部統制の評価の続き，もしくは更新作業を随時実施します。
⑧棚卸立会及び実査	3月・4月	在庫が存在する会社は，会社の棚卸日に立会を実施します。また4月の始めに現金や有価証券などの実査を実施します。
⑨期末監査	4月～5月	4月上旬に確認状の発送。会社の決算が締まったら期末監査を実施します。
⑩内部統制の評価	5月～6月	内部統制の中でも，決算プロセスなどは，年度の監査と同時か，その後に掛けて実施します。
⑪開示のチェック	5月～6月	会社法の計算書類や有価証券報告書の記載内容をチェックします。四半期レビュー時は，四半期報告書の作成時にこの手続は実施しています。
⑫監査意見の形成	5月～6月	監査意見の形成は，監査の最終的なまとめのようなもので監査の過程で発見した虚偽記載の評価，会社への報告書の作成，さらに審査のための資料の作成などを行い，最終的に監査報告書を提出します。四半期レビューにおいても同じような作業を行っています。

1社だけでなく数社担当しますので，会計士は，年中どこかのクライアントに行っており，事務所に常時出勤しているのはパートナーや事務職員ぐらいなのが通常です。

■ 監査チームの構成

　また，監査チームのメンバーも決める必要があります。監査チームの人数は，会社の規模にもよりますが，売上高が数百億円から数千億円規模の一般的な上場会社であれば，監査法人で「パートナー」といわれる監査報告書にサインをする監査責任者が2人程度，それ以外の監査補助者が5人前後のことが多いでしょう。監査結果について責任を負うのは，このパートナーといわれる監査責任者です。有限責任監査法人を除く監査法人は合名会社に準じる組織ですので，出資者である社員がパートナーと呼ばれ，監査報告書にサインをします。

　監査法人内で，マネージャーやシニア，スタッフと呼ばれる職階の人は，監査法人の職員です。この人達が，監査補助者として実際の監査手続を行うことになります。これ以外にレビューパートナーといわれ，監査結果を第三者的な視点で審査するパートナーが存在します。このパートナーは監査作業に関わることはありません。また，上場会社等であれば，パートナーは，7年間で交代することが決められています。

　マネージャー以下の監査補助者が会社に訪問して監査手続を実施しますが，マネージャーは管理職ですので，監査現場に張り付くケースは少なく，シニア以下数名のメンバーが，監査期間の数週間，朝から夕方（時には夜中）まで会社にいて作業を行います。

　したがって，シニアやスタッフといった長時間クライアントで作業する人員は，同じ時期に複数の会社を掛け持ちすることは難しくなります。監査計画を立てる段階で，シニアやスタッフが今後1年分の担当する会社を概ね決定するわけですが，多くの日本企業は3月決算ですので，監査を担当する時期も集中してしまいます。さらに大手監査法人になると，1つの監査部門だけでも数百社に及ぶクライアントがあり，シニアやスタッフも数百人以上在籍するため，この中でパズルのように担当する会社を決めていくことになり，担当の割り振

り自体が結構大変な作業になります。

　本来は，監査を受ける側にとっても，監査をする側にとっても，一定の期間は継続して同じ担当者が監査を行った方が，会社の業務を理解でき，監査もスムーズに行うことができるため，好ましいでしょう。しかし実際は，監査法人側で，問題の多い企業，難易度の高い企業，あるいは監査報酬の高い企業を優先しつつ，パズルのように職員の担当する会社を決めるため，特に大手監査法人では，毎年のように監査メンバーが変更される会社も存在します。

　このような中，監査計画を立案する段階では，これまでの経験や能力等を考慮しつつ，担当する会社を決定し，監査メンバーを組み立てていきます。

　また，監査チームや監査メンバーを決定する際には，今後1年間の大体の監査スケジュールも決定する必要があります。この段階における監査スケジュールとは，会社に訪問する期間や，事務所内で作業する期間，監査報告書の提出予定日などを大まかに決めるものです。

■ 詳細な監査計画の立案

　基本的な監査計画の立案が終わると，詳細な監査計画の立案を行います。この詳細な監査計画の立案の過程は，リスクアプローチに基づいてリスク評価を行い，そのリスクに対応する監査手続とその実施時期，その範囲を決定する作業になります。

(1)　固有リスクの評価

　リスク評価は，固有リスクの評価から始まります。固有リスクの評価は会社自体の理解と会社の経営環境の理解から行われます。具体的には，次のような項目を検討します。

- 外部要因の理解（会社が属する産業の理解や規制などの理解）
- 事業活動の理解（事業内容や顧客，企業統治，組織構造などの理解）
- 会計方針の理解（会社が採用している会計方針の理解）
- 事業上のリスクの理解（事業内容から生じるリスクの理解）
- 業績の測定の理解（会社が重視する指標等の理解）

このような項目を会社の業績推移や競業他社の状況を調べ，経営者にインタビューするなどして把握していくことになります。さらに，**図表３－６**に記載したような項目については，固有リスクが一般的な高いと考えられること，またはリスク評価に重要な影響を与えることから特に留意して検討していくことになります。

図表３－６　固有のリスクにかかる評価項目

関連当事者との取引	関連当事者（親会社・子会社・兄弟会社・大株主・役員など）との取引は，取引条件が明確でなく，不正に利用されることもあるため，通常は固有リスクが高いと考えられています。
会計上の見積りの検討	引当金や減損など会計上の見積り項目は，経営者の恣意性が介入しやすいことから，一般的には固有リスクが高いと考えられます。
関連する法令の検討	企業に適用される法令の把握，法令遵守の状況，違法行為の有無などについては，特に留意して検討を行うことになります。
継続企業の前提の検討	継続企業の前提（企業の事業が少なくとも今後１年間継続すること）については，重要な疑義の有無を計画段階から検討を行うことになります。
内部監査人の作業の利用	内部監査の実施状況を把握し，監査上，依拠することが可能か，また依拠する場合はどの程度依拠するか検討します。
専門家の業務の利用	退職給付債務の計算や不動産の鑑定評価などを外部の専門家に依頼している場合，その信頼性などについて検討することになります。
委託業務の検討	外部に委託している業務がある場合，委託先の会社の統制リスク等を考慮する必要があるため，別途検討を加えることになります。

(2)　不正リスクについて

ここで，固有リスクに関連する項目として不正リスクについて説明します。監査における不正とは，意図的な虚偽表示のことをいい，意図的でない誤りは誤謬として区別して考えます。不正には，不正な財務報告としての，いわゆる粉飾と，資産の流用があります。

　不正リスクについては，監査計画段階から監査の実施段階までに常に考慮しなければならないものとされています。一般的には，監査ですべての不正が発見されることが期待されているわけですが，監査において不正を発見することが非常に難しい場合もあります。監査は，会社の内部統制に依拠しているため，試査で実施されます。ところが，その内部統制を構築する責任者である経営者自身が不正に関与している場合や，第三者や従業員間で共謀して不正を行っている場合は，うまく機能しない可能性が高くなります。その場合，監査の前提が崩れてしまうことになるため，精査に近い手続をしない限り発見が遅れることになるわけです。

　近年は粉飾事例が増加しており，決算書を利用する人からの監査人に対する不正発見の期待は大きくなりつつあります。したがって，決算書利用者の期待に応えるべく，不正に対する監査手続は年々強化されています。

　オリンパスの事件を受けて，2013年3月に不正リスク対応基準という監査基準が新設され，主に上場会社の監査において適用されています。この基準は，①職業的懐疑心の強調，②不正リスクに対応した監査の実施，③不正リスクに対応した監査事務所の品質管理の3つで構成されており，監査基準に加えて，不正リスクについてより詳細な手続が求められています。

　なお，不正には3つの要因があると言われます。①動機・プレッシャー，②機会，③姿勢・正当化の3つで，これを不正のトライアングルと呼ぶこともあります。

　①動機・プレッシャーとは，たとえば売上に連動するボーナスが設定されているなど，不正を行う誘惑があるということです。②機会とは，たとえば経営者一人で何でもできてしまいチェック機能が有効に働かない状況があることなどです。③姿勢・正当化とは，そもそも組織において不正を許容する雰囲気があるなど，モラルが低いといった場合です。

　監査計画の段階では，このような不正の要因の有無を検討し，もしそのような要因があれば，どのような虚偽表示リスクと関連するかを検討し，対応する手続を検討していくことになります。

(3) 特別な検討を要するリスク

監査計画におけるリスク評価の過程で識別したリスクについて，監査人は，特別な検討を必要とするリスクであるかどうかを決める必要があります。

特別な検討を必要とするリスクに該当するかどうかにあたっては，内部統制を考慮しないため，基本的には固有リスクに基づいて判断します。

たとえば，次のような項目を考慮して決定することになります。

> • 不正リスクであるかどうか
> • 取引の複雑性
> • 最近の重要な経済や会計の動向との関連性
> • 関連当事者との取引に当たるか
> • 主観的判断の程度
> • 通常の取引であるかどうか

特別な検討が必要なリスクに該当した場合，より強い証拠力が得られるような監査手続を行う必要があります。このような場合，分析的手続だけで監査手続を完了することはできず，詳細テストのような，いわゆる証拠書類とチェックする手続を入れる必要があります。また，内部統制の運用評価手続も実施する必要があります。なお，収益の認識に関する不正リスクは，通常，この特別な検討を必要とするリスクに該当するものとされています。したがって，よほど売上に関連するリスクが低い会社でない限り，監査人は，売上については重点的に手続を実施しているはずです。

(4) 統制リスクの評価
① 全社的な内部統制の評価

次に統制リスクの評価について説明します。まずは全社的な内部統制から理解していくことになります。全社的な統制は，J-SOXと同様に，内部統制の構成要素である図表3－7にあげた6つの項目ごとに評価していきます。

図表3－7　内部統制の構成要素

1．統制環境	統制環境とは，組織の気風を決定し，組織内のすべての者の統制に対する意識に影響を与えるとともに，他の基本的要素の基礎をなし，リスクの評価と対応，統制活動，情報と伝達，モニタリング及びITへの対応に影響を及ぼす基盤をいう。
2．リスクの評価と対応	リスクの評価と対応とは，組織目標の達成に影響を与える事象について，組織目標の達成を阻害する要因をリスクとして識別，分析及び評価し，当該リスクへの適切な対応を行う一連のプロセスをいう。
3．統制活動	統制活動とは，経営者の命令及び指示が適切に実行されることを確保するために定める方針及び手続をいう。
4．情報と伝達	情報と伝達とは，必要な情報が識別，把握及び処理され，組織内外及び関係者相互に正しく伝えられることを確保することをいう。
5．モニタリング	モニタリングとは，内部統制が有効に機能していることを継続的に評価するプロセスをいう。
6．ITへの対応	ITへの対応とは，組織目標を達成するために予め適切な方針及び手続を定め，それを踏まえて，業務の実施において組織の内外のITに対し適切に対応することをいう。

出所：財務報告に係る内部統制の評価及び監査の基準

「1．統制環境」

　各構成要素の基盤になるものです。たとえば，監査基準では，経営者が取締役会や監査役会の監査のもとで，誠実かつ倫理的な行動を尊重する企業文化を醸成し維持しているかを評価することなどが求められています。

「2．リスクの評価と対応」

　監査基準では，特にリスク評価プロセスを重視しており，以下の項目に関する評価プロセスの理解をすることが求められています。

> - 財務報告に影響を及ぼす事業上のリスクの識別
> - リスクの重要度の見積り
> - リスクの発生可能性の評価
> - リスクに対処する方法の決定

「3．統制活動」

　会社における業績の検討や職務の分離，これらに関連するITを利用したリスクの対応などを理解することが求められています。

「4．情報と伝達」

　財務報告に関連する情報システムと，財務報告の役割と責任，財務報告に係る重要な事項を，企業がどのように内外に伝達しているかを理解し評価することが求められています。

「5．モニタリング」

　取締役会などにおける日常的な監視活動や，内部監査を利用した独立した監視活動，ITを利用したモニタリングなどを理解することが求められています。

「6．ITへの対応」

　全社的な内部統制の理解の段階においては，内部統制の構成要素ごとに関連する内容を把握していくことになりますが，特に「4．情報と伝達」の中で，財務報告に関連する情報システムを把握し理解することになります。

② 　全社レベルの決算・財務報告プロセス

　これは，会社の財務諸表を作成するプロセスについて，適切なコントロールがあるかどうか評価するものになります。この中には，見積りの評価や後発事象，開示に関する項目も含まれるほか，当然連結財務諸表の作成についても含まれます。つまり，決算書を作成する過程におけるチェック体制や，子会社の決算におけるチェック体制，連結財務諸表や開示書類の検証作業などが適切に行われているか理解することになります。

③ 　業務プロセスの評価

　業務プロセスの評価についても，J-SOXと同様の評価を監査人が行っている

と考えてください。J-SOXを行っている会社の場合，監査対象となるプロセスがJ-SOXの対象範囲であればその部分は会社の評価に依拠することもあります。

　業務プロセスとは，たとえば販売プロセスにおける受注から出荷，売上計上，請求，債権回収に至る一連のプロセスになります。この一連のプロセスの中で，財務諸表に関連するコントロールとして有効なものが整備されているかどうかの評価，また，運用されているかどうかの暫定的な評価を計画段階において実施することになります。

　なお，監査人が評価すべき業務プロセスの範囲は，J-SOXで対象としている業務プロセスの範囲よりも一般的には広くなります。J-SOXにおける業務プロセスの評価は，重要なプロセスのみを実施することになりますが，財務諸表監査においては，内部統制に依拠する業務プロセスについてはすべて評価の対象とするためです。

　たとえば，人件費プロセスは，J-SOXでは業務プロセスの評価対象とはしないケースもありますが，財務諸表監査において，人件費を内部統制に依拠せずに監査人がチェックすることは困難なため，財務諸表監査では人件費プロセスの評価も行うケースが多くなります。なお，監査人が利用する業務プロセスの評価シートは，基本的にはJ-SOXのリスクコントロールマトリックスと同じようなフォーマットになっています。

　また，IT統制についてもJ-SOXと同じように評価することになります。会社の業務プロセスは，販売システム，購買システム，生産管理システム，給与計算システムといったさまざまなシステムに依存しており，それらのデータが最終的に会計システムに集約されるというのが通常です。したがって，まず会社が利用しているITシステムの全体像を把握したうえで，IT基盤の管理体制が適切に管理されているかを①開発管理，②変更管理，③運用管理，④セキュリティ管理の4つの観点から評価することになります。これをIT全般統制（ITGC）といいます。

　また，各業務プロセスの中には，システムに依存するチェック機能が出てきます。たとえば，売上でいえば，販売システムの出荷データが会計システムに流れ，売上の仕訳が自動で計上されるというようなものです。そのように自動

でミスや誤りを防止する仕組をIT業務処理統制（ITAC）といい，これは各業務プロセスの評価の際に確認することが一般的です。

(5) リスク対応手続の立案

　リスク評価を行った後に，それらのリスクに応じて対応する監査手続を検討していくことになります。まずリスクを，財務諸表全体レベルの重要な虚偽表示リスクと，アサーション・レベルの重要な虚偽表示リスクとに識別することが必要です。

　アサーションとは，各財務諸表項目の基礎となっている取引や勘定残高についての実在性や，網羅性のような要件が満たされていることです（P.75参照）。たとえば，売上高という勘定科目がある場合，それは売上取引が実際に存在するから決算書に売上として開示するわけで，架空の取引を売上として開示したらこれは粉飾になるわけです。この場合の売上が実際に存在していることが，実在性という意味です。

　会社が売上高を決算書に開示しているということは，この売上に実在性はあると会社（経営者）が主張しているということになります。そこで従来は，これを経営者の主張と呼んでいたのですが，J-SOXの影響もあり，アサーションという言葉が浸透してきたため，今の監査基準ではアサーションという言葉を使っています。また，このアサーションは，監査する立場から見れば，財務諸表に売上という取引を計上しても問題ないことを立証する要件になり，監査要点とも呼ばれます。

　財務諸表全体レベルの重要な虚偽表示リスクとは，各財務諸表項目のアサーションに広く影響を与えるようなものをいいます。たとえば，固有リスクで説明した企業環境に影響を受けるリスクなどは，特定のアサーションだけでなく，財務諸表項目のさまざまなアサーションに影響を与える可能性があり，全体レベルの虚偽表示リスクになる可能性があります。また，不正リスクの中でも，特に経営者による不正の兆候等が認識された場合も，特定のアサーションではなく，財務諸表項目全体の重要な虚偽表示リスクとして識別するケースが高くなります。

　一方で，アサーション・レベルの重要な虚偽表示リスクとは，重要な取引種類，勘定残高，開示等の各アサーションに関連づけて把握されるリスクです。たとえば，ある事業部の業績が不振で棚卸資産が滞留傾向にあり，これについて会社内に十分な内部統制機能がない場合には，その事業部の棚卸資産の評価の妥当性について重要な虚偽記載のリスクが存在するということになります。この場合，棚卸資産にかかる「評価の妥当性」というのがアサーションです。

　監査計画の立案フェーズでは重要な虚偽表示リスクを識別した後に，それぞれのリスクを低減させるための対応手続を検討することになります。財務諸表全体レベルの重要な虚偽表示リスクは，このリスクは，そもそも特定の項目に関係するリスクではないため，対応する手続としても，全体的な対応方法を検討することになります。したがって，重要な虚偽記載リスクが高いのであれば，監査工数を増やしたり，スタッフではなくシニアに対応させる，監査人側でも専門家を利用するといった方法で対応していくことを検討します。

　アサーション・レベルの重要な虚偽表示リスクについては，企業環境等を理解し，さらに重要な取引種類，勘定残高，開示等を検討したうえで，認識した重要な虚偽表示リスクを，アサーションに結び付けて対応する監査手続を検討することになります。アサーション・レベルの重要な虚偽表示リスクに対しては，運用評価手続と実証手続の組み合わせで対応方法を検討することになります。少し難しいですが，具体的には以下のような手続をとります。

　運用評価手続とは，主に業務プロセスの統制リスクを理解する際に暫定的に評価した内部統制の中で，重要な虚偽表示リスクを防止または発見するための，コントロールの運用状況の有効性を評価する手続です。

　業務プロセスの統制リスクの評価段階では，内部統制が設計・整備され適用されているかどうかについて評価することに重点が置かれます。したがって，統制リスクの評価時点においては，ある取引について，その取引の開始から会計帳簿の計上までの一連のプロセスを1件確認するウォークスルーという評価方法が主になりますが，運用評価手続は，そのコントロールが会計期間を通じて運用されていることを確認する必要があるため，サンプル数を増やして有効性を評価することになります。たとえば，毎日行うコントロールであれば，通

図表3－8 アサーション・レベルのリスク評価・リスク対応ツールの例

会社名	株式会社ＡＢＣ	決算期	20XX年3月期	調書番号	5010
項目	アサーション・レベルの リスク評価・リスク対応	実施者	監査スタッフ	査閲者	監査マネージャー
		完了日	8・29・20XX	査閲日	9・8・20XX

取引種類，勘定残高および注記事項			監査に関連する内部統制							識別したアサーション・レベルの虚偽表示リスク
			業務プロセス	運用評価手続						
項目名	金額			W/P ref.	インターバル	前々期に実施済	前期に実施済	当期実施予定	経営者評価対象	リスクの内容
	計画段階の推定値	当期確定値	プロセス名							
現金及び預金	3,555	3,299	売上回収プロセス	6200	毎年	○	○	○	○	・取引回数が多く，誤処理や集計誤りが発生するリスクがある。
			支払プロセス	6300	3年	－		○	－	・店舗において，頻繁に現金を扱うため，金額的には重要性は低いものの資産流用のリスクがある。
受取手形	788	769	売上回収プロセス	6200	毎年	○	○	○	○	・取引回数が多く，誤処理や集計誤りが発生するリスクがある。
売掛金	2,398	2,177	売上認識プロセス 売上回収プロセス	6200	毎年	○	○	○	○	・取引量が多いため，誤処理（相手先・金額の計上誤りを含む）や二重計上及び計上漏れが発生するリスクがある。 ・主要セグメントの市場環境が悪化しているため，売上目標達成のために期末日前に前倒しして架空売上を計上するリスクがある。
棚卸資産	788	819	棚卸資産プロセス	6500	毎年	○	○	○	○	・主要セグメントの市場環境が悪化していることから，当該セグメントの棚卸資産の滞留在庫が増加し，棚卸資産評価損の認識が十分に行われないリスクがある ・取引量，取引種類が多いため，誤処理や二重計上及び計上漏れが発生するリスクがある。

出所：日本公認会計士協会公表 監査基準委員会研究報告第1号「監査ツール」様式5を基に作成

対象とする財務諸表等		参照資料
	グループ財務諸表	
○	個別財務諸表	残高試算表，予想財務諸表（計画時の分析）
	その他	

重要性	
重要性の基準値	30
手続実施上の重要性	21

実在性	網羅性	権利と義務の帰属	評価の妥当性	期間配分の適切性	表示の妥当性	会計上の見積り	不正リスク	特別な検討を必要とするリスク	実証手続のみでは十分かつ適切な監査証拠を入手できないリスク	固有リスクの評価	統制リスクの評価	重要な虚偽表示リスクの評価	重要な取引種類，勘定残高，および注記事項	主な実証手続の種類・時期・範囲	W/P ref.	最終段階の分析的手続のみで総括的に対応
	○					－	－	－	○	低	低	低	○	全銀行（借入金，偶発債務，担保権，保証状況，為替予約，その他オフバランス取引を含む。）について確認を行う。	×× ××	－
○													○	小口現金については実査を行う。	×× ××	－
○	○	○	○	○		－	－	－	○	低	低	低	○	未取立手形の実査，及び，取立手形については銀行への確認を実施する。	×× ××	－
○	○	○	○	○		－	－	－	○	高	低	低	○	セグメント別，得意先別等の残高について，残高及び回転率の年次比較等の分析的手続を実施する。		
													○	重要性に基づき選定した売掛金について確認状を発送する。	×× ××	－
○			○			－	○	○	○	高	中	高	○	期末日前後の売上取引について，売上計上に係る証憑を入手し，期間帰属の妥当性を確かめる。		
			○			○	－	○		高	低	中	○	棚卸資産の評価基準及び評価方法について，その処理の妥当性及び前期末との継続性を検討する。		
														棚卸資産の年齢管理表や滞留在庫の有無を把握し，評価損の計上の妥当性を検討する。	×× ××	
														棚卸の立会を実施する。棚卸差異分析結果を入手し，適切に帳簿に反映されていることを確認する。		
○	○	○				－	－	－	○	高	低	低	○	商品別の残高について，残高及び回転率の年次比較，前期比較等の分析的手続を実施する。		

常年間の監査手続の中で25件以上はそのコントロールが適切に実施しているか
を検証することになります。

　実証手続には，詳細テストと分析的実証手続があります。詳細テストとは，
契約書や請求書と照合したり，銀行や取引先に確認状を発送して残高を照合し
たり，アサーションに対して直接的な証拠を入手したりするような手続です。
分析的実証手続とは，決算数値や財務情報，あるいは，人員数などの財務情報
以外のデータも利用して，監査人が決算数値や財務情報の推定値を算出し，こ
れを実際の数値と比較することで，決算数値や財務情報の妥当性を評価する手
続です。たとえば，前期の金額と当期の金額を把握し，監査人の推定値の算出
のうえ，この推定値と差異があれば内容を確認し，その内容に合理性があるか
確認する手続です。
　アサーション・レベルのリスク対応手続の立案においては，重要な取引種類，
勘定残高，開示等のアサーションごとに，この運用評価手続と実証手続のいず
れを行うか，もしくは両方とも実施するかについて，それぞれの虚偽表示リス
クの度合に応じて計画します。
　なお，運用評価手続を実施するケースは，統制リスクの評価において内部統
制が有効と暫定的評価され，内部統制に依拠することを予定する場合と，実証
手続だけではアサーション・レベルでの重要な監査証拠を入手できない場合が
あります。
　また，実証手続は，詳細手続だけを行うケース，分析的実証手続だけを行う
ケース，両方を実施するケースの３パターンがありますが，特別な検討を必要
とするリスクがあるような場合は，分析的実証手続だけでは不十分で，詳細テ
ストも実施する必要があります。このアサーション・レベルのリスク対応手続
は，アサーションごとに検討するためかなりの分量になります。検討する際の
ツールの一例が図表３−８（P.72-73）です。

勘定科目ごとに監査要点を立証する

　次に，アサーションについて，少し詳しく説明したいと思います。

　アサーションとは，各財務諸表項目の基礎となっている取引や勘定残高についての実在性，網羅性などの要件が満たされていることであると説明しました。また，このアサーションは，監査する立場から見れば，取引や勘定残高の適正性を立証する要件になりますから，監査要点と呼ばれることも説明しました。

　監査人にとっては，この監査要点を立証するため監査証拠を積み上げていくことが監査手続ということになるので，アサーションは重要な概念になってきます。リスク対応手続の立案においても，アサーションに結び付けて，対応する個々の手続を立案することになるのは，このためです。

　主な監査要点としては図表3－9のようなものがあります。

図表3－9　監査要点（アサーション）

実在性	資産，負債および純資産が実際に存在すること
網羅性	記録すべき資産，負債および純資産，取引記録がすべて記録されていること
権利と義務の帰属	企業は資産の権利を保有または支配していること。また，負債は企業の義務であること
評価の妥当性	資産，負債および純資産が適切な金額で財務諸表に計上されていること
期間配分の適切性	取引や会計事象が正しい会計期間に記録されていること，また資産，負債の期間配分調整が適切に記録されていること
表示の妥当性	財務諸表に開示すべき事項が適切に開示されていること

　この中でも資産については実在性，負債については網羅性が重要性であるといわれます。一般的な粉飾は利益の水増しをすることですが，その方法としては架空の収益を計上するか，計上すべき費用を計上しないかの2つしかありません。複式簿記の構造上，架空の収益を計上する場合，それに伴って架空の資産を計上することになりますし，費用を計上しないということは本来計上すべ

き負債が漏れているということになります。

　たとえば，架空売上を計上しようとした場合，これに対応した架空の売掛金を計上することが多いわけですが，この売掛金は実在性がありません。また，費用を過少にするため支払利息を計上しないとした場合，これに対応する未払利息も計上しないことになり，未払利息の網羅性がないということになります。

　また，収益や費用の観点からは，期間配分の適切性も重要になってきます。これも売上の前倒計上など粉飾に利用されるケースがあるためです。本来翌期に計上すべき売上を当期に計上してしまうことになるので，期間配分の適切性が満たされていないということになります。

　このように監査要点は，監査人が手続を立案するうえでも，実際に監査手続を実施するうえでも，ポイントとなってきますので，監査人から，資料を要求される理由がわからないというときには，この監査要点から考えてみてもよいかと思います。

　例えば監査人が会社の棚卸に立ち会う場合にサンプルで実際の数量を数えますが，その場合は，①棚卸リストから現物のチェックを30件，②現物から棚卸リストから30件，というように，２方面から実施することが一般的です。これは，①の方法は実在性を，②の方法は網羅性を検証するために実施しているのです。

■ 監査意見を形成する

　監査計画を立案したあとは，リスク対応手続としての具体的な監査手続を行っていくわけですが，監査手続の具体的な内容は，次の章に記載します。ここでは監査の最終段階である監査意見の形成について説明していきたいと思います。

　監査の終了段階では，一般的な監査手続に加え，以下に記載する項目について追加手続が必要になってきます。

(1)　継続企業の前提の検討
　継続企業の前提は，監査の完了段階で最終的な評価が必要になってきます。

会計基準は，企業が永続的に継続することを前提に組み立てられており，財務諸表もこの基準に沿って作成していますので，もし近い（会計基準では1年間以内を想定）将来企業が破たんするのであれば，この前提が崩れてしまいます。

　したがって，継続企業の前提に重要な疑義を生じさせるような事象または状況が認識されるような場合は，会社でも監査人でも継続企業についての開示の検討が必要になってきます。ただし，この重要な疑義を生じさせるような事象がある場合に，すぐに財務諸表の正確性が失われ，監査報告書を提出できなくなるわけではありません。

　継続企業の前提に重要な疑義を生じさせるような事象があったとしても，その状況を解消，もしくは改善する計画があり，その計画が確実性の高いものであれば，特に問題ありません。さらに，明らかに継続企業の前提が成立しない場合は別ですが，計画に不確実性がある場合であっても，継続企業の前提に関して適切な注記をしていれば，監査上も追記情報は記載するものの，財務諸表は適正とする監査報告書が提出されます。

　ただし，この継続企業の前提の注記は，投資家の意思決定に重要な影響を与えますので，監査上も最終段階まで慎重に判断することになります。

(2)　訴訟事件等の検討

　訴訟事件等に関連して損害賠償などが発生した場合，賠償金額が確定していれば財務諸表上も計上しますし，確定していなくても発生する可能性が高いようあれば引当金を計上したり，注記が必要になることがあります。

　会社に訴訟がある場合は，その状況について専門家である弁護士に確認し，会社の認識が正しいか，または会社が認識している訴訟事件以外に訴訟が発生していないかを確認します。

　具体的には，会社法の監査報告書を提出する前と，有価証券報告書の監査報告書を提出する前に，訴訟事件等に関する確認状を会社の顧問弁護士に送付し，確認を求めます。

(3)　後発事象の確認

　後発事象とは，決算日後に発生した事象で，財務諸表に重要な影響を与える

事象のことです。この後発事象は次の2つに区分されます。

　1つめは①後発事象の原因が決算日時点ですでに存在しているため，当期の決算書の修正が必要となるもので，これを**修正後発事象**といいます。2つめは②発生した事象が，翌期の財務諸表に重要な影響を与えるため，財務諸表に注記が必要になるもので，これを**開示後発事象**といいます。

　監査上は，これらの後発事象の有無を確認するため，監査の終了前に，会社における後発事象の把握状況の確認，担当役員等への質問，議事録等の確認，決算後の会計記録の確認等を行います。また，(2)で説明した顧問弁護士への確認状の発送や，(4)で説明する経営者確認書においても同様に確認を行うことになります。

(4)　経営者確認書の入手

　経営者確認書は，監査の最終段階で実施する手続で，原則的には監査報告書との交換により会社の経営者から書面で入手するものになります。対象は経営者ですので，代表取締役の押印が必要であり，代表取締役以外に，財務・経理担当役員の押印も入手することが一般的です。確認する内容としては，次のような項目になります。

- 財務諸表等の作成責任が経営者にあることの確認
- 内部統制を維持・構築する責任が経営者にあることの確認
- 監査の実施に必要なすべての資料が監査人に提供されていることの確認
- 重要な偶発事象，後発事象に関する確認
- 関連当事者との取引を適切に処理していることの確認
- 経営者の意思や判断に依拠している事項についての確認
- 不正またはその疑いがある事項についての確認
- 監査人が発見した未訂正の財務諸表等の虚偽の表示による影響が財務諸表等の全体にとって重要でないことの確認
- その他，監査実施時の確認事項についての文書による再確認および追加確認

(5)　未修正事項の集計

　以上のような手続を実施しつつ監査意見の形成をしていくわけですが，まずは，監査の過程で発見した財務諸表の誤りを集計します。誤りを発見した場合

は，当然，会社に修正を依頼することになりますが，時間的な問題などで修正されないことがあります。これを未修正事項といい，これを集計し，重要性の基準値と比較することになります。なお，この重要性の基準値についても，監査計画の段階で算出した重要性の基準値と，実績ベースで算出した重要性の基準値と比較して重要な差異がないかを確認する必要があります。

　集計した未修正事項が，重要性の基準値を超えなければ問題ありませんが，超える場合は会社に対して再度修正を求めることになるでしょう。それでも修正されない場合は不適正意見の監査報告書を提出することになります。

　また，集計した未修正事項が，重要性の基準値を超えない場合であっても，これを経営者確認書に記載して，財務諸表全体から見て重要な影響がないことを確認することになります。

(6)　適正性の評価

　監査の最終段階においては，財務諸表の適正性を再度確認することになります。これは財務諸表を作成する際に適用した会計基準が，一般に公正妥当と認められる会計基準に準拠していたか，また，会計方針が継続的に適用されているか，会計方針に変更があった場合は，その変更理由が妥当なものであったか，開示項目が妥当かどうか，といった内容を検討するものです。

　また，監査の最終段階においても財務諸表全体の分析的手続を実施し，異常な項目がないか検討することになります。

(7)　監査意見の決定

　会計監査では最終的にどのような監査意見を表明するか，決定する必要があります。この監査意見には図表3-10の4種類があります。

　簡単に説明すると，財務書表に重要な誤りがなければ「無限定適正意見」，重要な誤りがあれば「不適正意見」，監査証拠が十分に得ることができず監査意見の判断ができなければ「意見不表明」，さらに重要な誤りが限定的である場合や監査証拠が十分に入手できないことの影響が限定的である場合は「限定付適正意見」，ということになります。

　監査人は，これらの監査意見に加え追記情報というものを監査報告書に記載

図表3−10　監査意見の種類

無限定適正意見	経営者の作成した財務諸表が，一般に公正妥当と認められる企業会計の基準に準拠して，企業の財政状態，経営成績およびキャッシュ・フローの状況をすべての重要な点において適正に表示していると認められると判断した場合。
限定付適正意見	監査人が認識した虚偽記載（未修正事項）が財務諸表に与える影響が，重要であるが広範でないと判断する場合，および，監査人が，十分かつ適切な監査証拠を入手できない場合で，未発見の虚偽表示がもしあるとすれば，それが財務諸表に及ぼす可能性のある影響が，重要であるが広範ではないと判断する場合。
不適正意見	監査人が十分かつ適切な監査証拠を入手した結果，虚偽表示が財務諸表に及ぼす影響が，重要かつ広範であると判断する場合。
意見不表明	監査人が十分かつ適切な監査証拠を入手できない場合で，未発見の虚偽表示がもしあるとすれば，それが財務諸表に及ぼす可能性のある影響が，重要かつ広範であると判断する場合。または，複数の不確実性を伴う極めてまれな状況において財務諸表に及ぼす可能性のある累積的影響が複合的かつ多岐にわたるため，財務諸表に対する意見を形成できないと判断する場合。

することがあります。これ自体は監査意見ではないのですが，財務諸表が適正と判断したことについて説明が必要な場合や，財務諸表の記載に関して強調することが必要な事項について，監査人が財務諸表の利用者に情報を提供する目的で記載するものです。具体的には以下のような事項を記載することになります。

- 正当な理由による会計方針の変更
- 重要な後発事象や偶発事象
- 開示書類における財務諸表の表示とその他の記載内容との重要な相違

(8) 審 査

　監査意見を決定した後，審査を受ける必要があります。まずは，レビューパートナーの審査を受けます。

　レビューパートナーは，実際の監査手続には関与せず，第三者的な視点から

監査意見が妥当かどうか判断します。実際に会社に訪問することはありませんが，監査チームの重要なミーティングには参加し，クライアントの概要や監査手続の方針等について意見交換をすることで情報を共有しています。また，監査計画についても，このレビューパートナーの審査を受けなければなりませんので，当初計画した監査計画が適切に実施されているか，また，監査手続の実施過程において新たな問題等が生じていないかなどを確認します。

　この審査は，通常，監査チームのマネージャーやシニアレベルの担当者がレビューパートナーに説明することで実施されますが，説明のために審査資料を作成する必要があります。この審査資料が結構な分量であるため，監査担当者は最後の最後まで，こうした資料を作成する作業に追われることになります。

　さらに大手監査法人の場合は，このレビューパートナーの審査の後に，審査部の審査を受けるケースが多いと思われます。これは監査法人内の品質管理部門の会計士が審査資料を確認することで実施します。問題があれば監査担当者が呼び出され，詳しい説明を求められます。

(9)　監査報告書の提出

　これらの審査を通過すれば，監査報告書を会社に提出することができます。監査担当者はパートナーのサインを入手し，製本したうえで会社に提出することになります。また，有価証券報告書は，EDINETで開示されますので，これに添付する監査報告書の電子データも監査人が作成し会社に提出することになります。これらの流れを簡単に図にしたものが**図表3－11**です。

図表3－11 監査報告書提出までの流れ

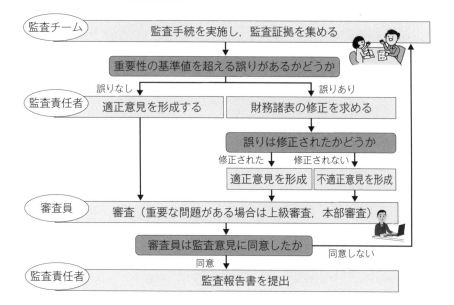

第4章

個別の監査手続の理解と対応

■ 監査の分担

　前章では，リスクアプローチの概念と監査計画の立案および監査意見の形成
を中心に説明しました。この章では個別の監査手続の具体的な内容を説明して
いきます。前半では，実証手続を中心に説明することにします。

　具体的な監査手続を説明する前に，監査チーム内の作業分担について，もう
少し説明しましょう。監査チームは，大きく次の3つに分かれます。

　トップは，監査法人のパートナーである監査責任者で，監査報告書にサイン
をする人です。あまり会社に出向くことはないですが，監査の中で，論点になっ
ている会計処理や開示の方法について，最終的に判断する責任者がパートナー
です。

　次に主査です。マネージャークラスやシニアでも年次の上の人が主査やイン
チャージ，主任などと呼ばれ，現場責任者となります。会社は，基本的にこの
主査とやり取りすることになります。

　最後がスタッフです。監査基準では監査補助者と呼ばれます。監査論的に厳
密にいうと主査も補助者に入りますが，実際の現場で，主査は補助者というよ
りはどちらかというとパートナー代行のような業務を実施しています。パート
ナーは複数の会社のサインをしますので，現場のすべてを自分自身で把握・管
理することはできません。したがって，現場をパートナーの代わりにまとめて
いるのが主査ということになります。その下に実際に作業をする補助者として
のスタッフがいます。スタッフは，ほとんどが入所後5年以内の年次の担当者

です。このスタッフが入所後5年ぐらい経つと主査になります。

　そして，監査の現場に常にいるのはこの主査とスタッフです。会社側が会計処理などについて質問がある場合は，この主査に質問することが多いでしょう。会計基準に明記されている事象について質問する場合は，主査が相手で十分です。ただし，判断を要するような質問については，主査は自身で判断する権限がそもそもないので，パートナーに質問する必要があります。

　会社が監査法人に確認したい事項は，会計基準に明確に定められている事象ではなく，その判断が難しい部分ではないでしょうか。その場合は，主査を窓口にしてもよいですが，最終的にはパートナーの確認が必要であるため，それを意識して対応を図ったほうが回答をスムーズに得られるでしょう。

　現場での監査手続は，会社の決算が締まった後に主査が試算表の内容を確認して，各担当者に留意点などを連絡することから始まります。その後，各スタッフは，監査計画の段階で割り当てられた勘定科目について作業を実施します。最初は担当となった勘定科目を分析し，その後，会社の担当者に質問したり，資料を入手したりしながら監査手続を実施していきます。

　会社とのやり取りは監査期間を通じて続きますが，監査も概ね終了に近づいた段階で，急にスタッフが会社に対して質問を繰り返し，新たに資料をください，契約書を出してくださいなどと言われた経験をお持ちの方も多いのではないでしょうか。これは，主査やパートナーがスタッフの行った手続をレビューし，手続が足りないと判断した場合に追加作業の指示を出すためです。さらに，最終的にはレビューパートナーや審査部の審査がありますので，この段階でまた会社に質問したり，資料を依頼したりすることもあり得ます。

　次に，各スタッフが具体的にどのような方法で監査を実施していくかについて説明します。特に大手監査法人では，提携先の国際ネットワークファームから提供される監査マニュアルが各人のパソコンにインストールされており，その監査マニュアルに従って，詳細な作業を進めます。今回説明する手続は，従来から行われている一般的な監査手続の概要になります。

■ 分析的手続

　分析的手続は，監査人の予測値と実際の試算表や勘定明細の金額に一定以上の差異がある場合において，この内容を検証する手続です。

　各担当者が，はじめに実施する作業は，前期の金額との比較です。前期の金額は監査済の正しい数値であることが前提だからです。前期に監査した金額からの変動理由が合理的であれば，当期の金額も合理的であると判断します。

　特に，資産・負債といった貸借対照表項目がより重要になります。これは，利益は，理論的には貸借対照表の純資産の増減で算出されますし，売上や売上原価，販売費及び一般管理費といった取引項目を検証するよりも，売掛金や買掛金といった残高を検証するほうが明らかに効率的であり有効に検証することができるためです。

　具体的には，担当となった科目の前期比較表を作成し，増減内容を把握します。さらに科目をより詳細にブレイクダウンします。たとえば，勘定明細単位での前期比較表を作成し，より詳細な単位での増減内容を把握します。把握した増減内容が，主査から入手した会社の概要に関する情報や決算の概況，さらに前期の監査調書に記載している内容と整合しているかを確認します。自分が予想している増減内容と乖離があるようであれば，会社の担当者にヒアリングしたり，関連する証拠書類を閲覧したりして内容を検証します。

　例えば売上債権の担当となったスタッフは，売掛金と受取手形，それぞれの前期比較表を作って，売掛金と受取手形が増加しているのか減少しているのかを把握します。さらに増減内容を詳細に把握するために，得意先別の売掛金や受取手形の残高について前期比較を実施し，どこの得意先の残高が増えているのか，減っているのかを確認します。そして，それらの増減内容が，自分がすでに入手している情報や前期の監査調書の情報との整合性を検討していくことになります。検討の結果，増減内容が自分の予測と乖離しているようであれば，会社の担当者に質問し，必要に応じて関連資料を請求し，その内容を検証することになります。

　ちなみに，会社で監査対応をされている方の中には，監査スタッフが代わる

たびに毎年のように同じような質問をされるので監査人はきちんと情報を引き継いでいないのではないかと思われている方もいるかもしれません。基本的には，前期の監査調書に必要な情報は記載しているはずですが，すべてを記載していないこともあるため，監査人が同じような質問をしているケースも確かにあるかもしれません。一方で，会社の担当者の方が伝え忘れていたケースもあるはずです。そのような状況を回避する方法としては，増減内容などを会社でも把握し，それを資料に記録して残しておくことです。

　なお，監査手続としての分析的実証手続は，監査人の予測値を精度の高いレベルで算出し，その予測値の算出根拠についても具体的に文書化することが必要になります。これは増減内容の分析だけではなく，回転期間の分析などでも実施される手続です。また予測値と差異があれば，その差異が許容値まで収まるように差異内容を検証します。

　この分析的実証手続は，厳密に行おうとすると，かえって時間がかかってしまいますので，最近の監査手続の方向性としては，分析よりも，関連資料の検証作業を優先し，検証するサンプル件数を増やすことで，心証を得ようとする傾向があるようです。

■ 実査・確認・立会

　次に実証手続の中で，証拠力の強い手続である実査・確認・棚卸立会について説明します。

(1)　実査
　実査は資産の現物を実際に確かめる手続で，主に現金，預金証書・預金通帳，受取手形，株券等に対して実施します。

　現金については，近年は商取引が発達し，多額に保有している会社は少なくなってきているため，監査上の重要性は低くなってきています。ただし，現金の紛失，盗難リスクに対する内部統制は会社の内部統制の基本であり，適切に機能しているかを把握するために実施するケースが多いです。現金の管理を1人で行っていたり，不必要に多額の現金を保有したりしていないか，今一度点

検してみましょう。

　預金証書・預金通帳については，担保に差し入れられていないかを把握すること等を目的として実査を実施しますが，実査を通じて，長期間未使用である口座や残高がゼロの通帳を目にするケースがあります。監査人は，会社に存在する口座すべてについて原則として(2)に記載の確認手続をします。不要口座は不正使用の可能性や確認手続のコスト削減の観点から，閉鎖可能な口座については閉鎖することが望まれます。

　受取手形については，手形残高の実在性を確認するだけでなく，期日を超過した手形や営業外受取手形等の有無を把握するために実査を行います。近年では，紙の手形に代わる決済手段である電子記録債権に切り替えている会社も増えてきています。受取手形についても，紛失，盗難リスクを回避するため，電子記録債権への切り替えについて検討することをお勧めします。

　株券についても，紛失，盗難リスクがあります。株券発行会社に対して株券不所持の申し出を行い，株券を提出することで当該リスクを回避することが可能です。また同一の会社に対する株券の枚数が多いケースもあると思います。不所持の申し出を行わないとしても，会計監査人が立会いの下，当該株券を封筒などに封印することで，その後の実査を効率化することも可能ですので，ぜひ検討してみて下さい。

(2)　確認

　次に実証手続の中でも，最も証拠力の強い手続の1つである確認手続について説明します。確認手続は，金融機関や取引先などに監査人が直接書面で問い合わせを実施し，直接回答を入手する手続です。確認書のフォーマットは監査法人ごとに決まっていて，特に金融機関向けの確認状は監査基準で形式例が記載されているため，ほとんど同じ形式になっています。金融機関に対する確認状は，ブランクフォームを送り，金融機関に該当金額を記載してもらった回答を入手します。

　取引先に郵送する債権・債務の確認状は，たとえば，A株式会社にB株式会社に対する売掛金の残高がある場合，当該売掛金残高を記載した確認状をB株式会社に郵送し，売掛金に対応する買掛金残高を記載してもらった書面を監査

人が回収する手続になります。

　確認状は会社側で作成し，会社印を押印したものを監査人が直接発送し，回収します。また回答金額に差異があれば，差異内容について会社側で調査する必要があります。経理の方は，恐らくこの確認という手続について面倒な印象を抱いているかと思います。

　金融機関の確認状については，それほど，差異が生じることはないと思いますが，債権債務の確認状は差異が発生することは多いかと思います。差異の内容として考えられるものは，①どちらかの会社の計上ミス，②相手先との計上タイミングの相違，この2つが主なものと考えられます。

　①の計上ミスについては，売上計上漏れ，仕入計上漏れ，回収金額や支払金額の計上誤りなどが考えられます。会社側に計上ミスがあれば，これは決算書の誤りとなるため，監査人は修正を依頼することになります。

　②の計上タイミングのズレは，必ずしも決算書の誤りに結びつくものではありません。日本においては，売上は，通常，出荷基準（物を出荷した時点）で売上計上しますが，仕入計上は，物が到着した時点，もしくは検収した時点で計上することが通常です。つまり，出荷した後，取引先の倉庫に入るのが翌日以降になることは当然あり得るわけです。

　その場合，売上の計上時期と仕入の計上時期は必然的にズレてしまうことになります。しかも大企業同士の取引の場合，部署は1つではなく，日本全国，場合によっては全世界に広がっているケースもあるでしょう。したがって，確認状に差異があった場合，物の出荷と着荷の差を調べるという作業は，かなり工数がかかるものです。

　このタイミングのズレの問題は，近い将来，なくなる可能性もあります。海外の場合，そのようなズレは通常生じません。

　海外では，多くの場合，通常，売上はインボイス単位でかつ所有権移転基準で計上されるため，そのインボイスを合計したら売掛金残高がわかります。このため，相手先の買掛金残高と一致し，タイミングのズレはないことになります。

　これは，商慣習の違いに起因していましたが，会計基準の国際的な調和化の観点から，2021年4月1日以後開始する連結会計年度および事業年度の期首か

ら適用される「収益認識に関する会計基準」において，原則として出荷基準は認められないことになりました。IFRSが導入されるからというだけでなく，出荷基準というのは，本来的には売上の計上基準としてはそぐわないためです。なぜなら，頼まれていないものを取りあえず出荷してしまうことで売上が計上される恐れがあるためです。

　システム上で物の出荷だけでなく，取引の入荷や検収の状況も管理している会社もあるはずです。その場合は，これを徹底してやっていれば，本当は残高確認で差異調整をする作業も必要なくなるはずです。

　このように経理実務もこれからきっと変わってくると思いますが，その前に売上の計上基準が変わっていくものと思われます。

　監査的には，この差異調整の部分に粉飾する余地があると考えます。1円単位まで差異調整を行うのは結構大変ですから，ある程度までで許容してしまうケースもあり得ます。このような場合，プラスマイナスを操作して，売上を増やしたり仕入を減らしたりということが可能になってしまいます。そのため，本来的にいうと円単位まで差異を詰めなければ，このような粉飾等を防ぐことは難しいことになります。実際に，最近できた不正リスク対応基準においても，確認手続については特に留意すべきである旨が記載されています。

　また，確認状の発送・回答・回収業務から生じる事務負担を軽減することを目的として大手4法人が共同で「会計監査確認センター合同会社」を2018年11月に設立しています。今後当該確認センターの利用による電子確認への移行が社会全体で進むことにより，事務負担の軽減が期待されています。

(3)　棚卸立会

　棚卸の立会も，監査人が現物を確認することができるため，証拠力の強い実証手続の1つです。また，棚卸の立会は製品や商品といった棚卸資産を確認するだけの手続ではなく，監査人にとってはさまざまな証拠を入手することができる手続です。

　棚卸の立会は，会社の棚卸の方法を把握するところから始まります。棚卸といっても，工場の場合と店舗の場合とでは，当然ながら全くやり方が異なってきます。したがって，監査人は，棚卸の立会を行う前に会社から棚卸の手続書

を入手し，その会社がどのような方法で棚卸を実施するか確認する必要があります。当日は，実際に会社の方が棚卸を実施している様子を視察し，会社が作成した手続に従って作業を実施しているかを確認します。この手続によって会社の内部統制の評価も実施することができます。また工場や倉庫の場合はフロアマップ等を入手し，棚卸を実施していない場所がないかどうかも確認します。

　視察しながら，もしくは視察が終わってから，監査人はサンプルでテストカウントを実施します。テストカウントの方法は，アサーションの解説（P.75）で記載したように，棚卸資産のリストから現物への照合と，現物から棚卸リストへの照合の2つの方面からのカウントを実施し，実在性と網羅性の両方を検証することになります。カウント数については，監査法人の方針にもよりますが，各方面で30件ずつ程度は実施することが多いかと思います。

　さらに監査人は，視察やテストカウントの過程で，陳腐化している在庫や破損品の有無を確認しています。このような在庫は，最終的には評価を切り下げる必要があるため，期末監査のときに適切に評価されているか，評価の妥当性を検討することになります。

　監査人の棚卸立会はテストカウントで終了するわけではなく，会社が棚卸を終了するまで立ち合い，棚卸原票やリストの回収が漏れなく実施されていることを確認します。さらに，棚卸日前後の在庫の入出荷の状況を確認し，棚卸資産が漏れなく棚卸されていることも確認します。

　テストカウントした数量については，期末監査時に会社の棚卸資産の帳簿数量と照合し，適切に在庫が計上されていることの検証が必要になります。

　このように棚卸の立会は，監査人にとっては多様な監査証拠を入手することができる手続であり，普段はあまり会社の商品や製品を見る機会もないため，会社の商品や製品を理解するよい機会でもあります。

■ どうやってサンプリングしているか

　次に，監査人がテストを実施する場合に，どのような方法でサンプリングを行っているかについて説明します。

　監査証拠の入手方法は次のように区分されます。

　まず，①項目を抽出する方法，②項目を抽出しない方法，に区分されます。
　②項目を抽出しない方法とは分析的手続や質問などが該当します。①項目を抽出する方法は，（ア）精査，（イ）試査に区分されます。（ア）の精査は母集団のすべてを抽出する方法で，（イ）試査は，母集団の一部を抽出する方法です。監査計画の章（P.47）で説明したように，現在の監査はリスクアプローチで実施され，リスクアプローチでは試査が採用されています。
　試査の方法にも2つあり，（A）特定項目抽出による試査と（B）サンプリングによる試査の2つの種類があります。
　2つの方法のイメージを図示したのが，以下の図表4-1です。

図表4-1　試査の種類

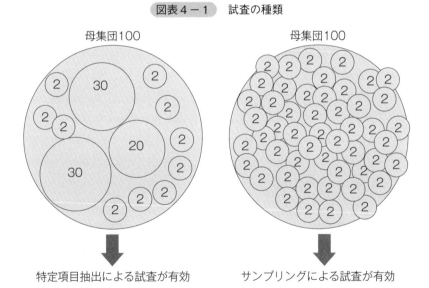

（A）特定項目抽出による試査

　母集団の中から特定の性質を有する項目を抽出する方法です。つまり，監査人が母集団の中で，一定の性質ものを意図的に選んで，テストする方法になります。母集団の中で，金額的に大きいものを抽出したり，エラーが起こりやすい項目を選んでテストしたりする場合に利用される方法で，母集団の少数の項目が母集団全体の大部分を占めるような場合に有効です。

　具体的には，母集団が100で，その中に「30と30と20と２が10個」という項目が含まれているような場合（図表４−１左）は，30と30と20の３件を抽出してテストします。これにより全体の80％をカバーできるため効率的です。

　一方で，100の母集団の項目の内容が，２が50個であるような場合（同右）は，特定項目抽出による試査は効率的でないということになります。具体的な監査手続でいうと，手続実施上の重要性以上の取引を検証するためなどに特定項目抽出による試査を利用します。監査法人からある一定の金額以上の取引について，全件資料を依頼された経験はないでしょうか。これは特定項目抽出による試査を行っていることによるものです。事前に監査法人から当該試査により検証を行う勘定科目および金額を把握し，資料を準備しておくと効率的に監査対応ができると思います。

　ただし，この特定項目抽出による試査は，母集団から特定の性質を有するものをあえて抽出するため，抽出したサンプルから母集団全体の特性を推定することができません。たとえば，100個のうち10個を抽出し，１個のエラーがあった場合，全体で10個のエラーがあるだろうといった推定ができません。

　したがって，特定項目抽出による試査を行う場合においては，非抽出項目に重要性があるのであれば，何らかの監査手続を追加で実施する必要が生じます。例えば，残高確認でエラーがでてしまうと，追加で残高確認以外の手続が必要となり，監査法人の立場からは少し厄介なことになってしまいます。

（Ｂ）サンプリングによる試査
　母集団の特性を代表すると期待できるサンプルの抽出方法を使って，母集団のすべての項目に抽出の機会が与えられるように，母集団から一部の項目を抽出する方法です。サンプリングによる試査には，サンプルテストの結果に確率論を利用する統計的サンプリングと確率論は利用しない非統計的サンプリングがありますが，どちらも無作為に抽出します。

　たとえば，内部統制の運用評価手続において試査を実施する場合，内部統制が有効かどうかを評価する必要があるため，サンプリングによる試査を利用することになります。つまり，抽出したサンプルの逸脱率（エラー率）を母集団全体の推定逸脱率としてみなすことができるため，これが監査人の許容逸脱率

（監査人が許容できるエラー率）より低いのであれば内部統制が有効であると評価できることになります。

　また，実証手続における詳細テストにおいてもサンプリングによる試査を利用することがあります。会計監査人は，なぜ金額の小さい取引を検証しているのかと疑問に思われたことはないでしょうか。これはサンプリングによる試査を行っていることによるものです。この場合，抽出したサンプルから発見された虚偽表示額（エラー金額）から，母集団全体の推定虚偽表示額を推定し，これと許容虚偽表示額（その詳細テストで監査人が許容できるエラーの金額，手続実施上の重要性か，それよりも低い金額）を下回るようであれば，その虚偽表示は重要性がないものと判断されます。

　サンプル数は，理論的には，許容逸脱率，予想逸脱率，サンプリングリスクの3つの程度によって決定されます。サンプリングリスクとは，サンプルが母集団の特性を正確に代表しないため，母集団全体について誤った結論をするリスクです。大手監査法人では，サンプルリングによる試査を行うにあたってテスト件数を決定するテンプレートがあり，これに必要な値を入力することでサンプル数が算出されます。

　大手以外の監査人はこのようなテンプレートはもっていないケースが多いと思われますが，サンプル数の決定にあたっては，J-SOXで利用しているサンプル数のテンプレート（日本公認会計士協会公表「財務報告に係る内部統制の監査に関する実務上の取扱い」付録2）が参考になります。

■ 経営者ディスカッション

　経営者とのディスカッションは，基本的には，監査計画における全体レベルのリスク評価手続の中で行われるものです。また監査の実施過程においても，たとえば継続企業の前提に重要な疑義を生じさせるような事象や状況があるような場合は，経営者に対応策をヒアリングすることになります。

　経営者とのディスカッションという監査手続は，約10年前から導入されました。会社の規模にもよりますが，それ以前は監査人と社長とが直接ディスカッションをする機会は多くありませんでした。経営者とのディスカッションが導

入されたきっかけは，米国においてエンロン事件が起きた影響により，不正リスクに対応する監査手続が強化されたことでした。このことを受けて，日本においても不正リスクへの対応とリスクアプローチ監査の強化を図ることを目的として，監査上必須の手続として，どの監査法人も実施するようになりました。

　監査リスクを評価するうえで，経営者とディスカッションを実施することは，有効です。会社のトップから経営方針や今後のビジョン，現時点の課題や業界の動向をヒアリングすることができるため，経理部門やCFOとのコミュケーションだけでは入手できない情報を得ることができるからです。

　不正リスクとの関係でも，やはり経営者とのディスカッションが必要になってきます。経営者が不正や不正の兆候を認識していないかについて質問することは，特に従業員の不正を把握するうえでは有効な手続です。不正等の防止のために，内部統制を構築する責任は経営者にあるため，適切な内部統制を構築し，不正リスクやその他のリスク情報が，経営者に伝達されているかどうかを確認することができます。

　ただし，上述したとおり，内部統制は経営者が構築するものであるため，一般的に，経営者自身の不正については有効に機能しません。したがって監査人は，経営者自身の不正に対する考え方，コンプライアンスに対する意識，ディスクロジャーに対する考え方などを確認することで，経営者の信頼性を把握し，経営者による不正リスクについても検討を加えることになります。

　また，監査の実施段階で，継続企業の前提に重要な疑義を生じさせる事象が認識された場合には，経営者の対応策を確認し，その確実性を評価しなければなりません。そのような場合は，経理担当・責任者のみの意見ではなく，経営トップとディスカッションを行い，その実現可能性等についての協議が必要になってきます。

　このようにリスクアプローチに基づく現在の監査の枠組みの中では，リスク評価の過程で，経理部門以外からもさまざまな情報を得ることが効果的です。したがって，経営者だけでなく，営業部門の責任者などにもヒアリングを実施することもあります。

■ 監査役等とのコミュニケーション

　監査役等の会計監査は，会計監査人の監査の相当性を判断するという方法で監査を実施します。その相当性の判断のために，会計監査人は，監査役等に対しては，監査計画および監査結果を説明・報告しています。

　また，オリンパス事件や東芝事件などの不正による不適切な会計処理を契機として，監査役等と会計監査人双方の監査業務の品質および効率を高めるために，双方向のコミュニケーションの充実に向けた取り組みが進められています。

　オリンパス事件を受けて公表された不正リスク対応基準においては，会計監査人は監査の各段階において，不正リスクの内容や程度に応じて適切に監査役等と協議する等，監査役等との連携を図ることなどが明記されています。さらに，監査役等と監査人との連携は不正が疑われる場合に限らず重要であると考えられることから，監査基準においてもその連携が明記されました。

　東芝事件を受けて監査基準が改訂され，新たに導入された「監査上の主要な検討事項（KAM）」（第2章参照）については，会計監査人が監査の過程で監査役等とコミュニケーションを行った事項の中から決定されます。そのためには，監査の計画段階から期末に至るまで，適時適切にコミュニケーションを図っていくことが重要になります。

■ 内部監査人の作業の利用

　会計監査と内部監査の実施内容が重複していると感じたことはないでしょうか。会計監査と内部監査はそれぞれの目的は異なるものの，業務内容が重なるケースはあります。そこで，会計監査を効果的かつ効率的に進めるために内部監査人の実施結果を利用するための指針が定められています。これまでは，当該指針に基づく利用は，J-SOXでの内部監査人による内部統制の整備運用評価手続に留まっているケースが多かったのが実情です。

　そうしたなかで，三様監査の連携強化の必要性が強く認識されていることもふまえて，当該指針が改正され，監査人が利用可能な内部監査人の作業の例が

明示されました。上述の内部統制の整備運用評価に加えて，複雑な判断を伴わない実証手続，棚卸資産の実地棚卸の立会および金額的・質的に重要性のない連結子会社の財務情報の内部監査等が例として明示されています。会計監査人が利用するためには，当該指針に定められた条件を満たす必要はありますが，会計監査人との協議の結果，監査を効率的に受けることが可能かもしれません。

■ 工場往査，支店往査

　次は，監査手続とは若干視点を変え，工場往査と支店往査について説明します。棚卸と同様に，工場往査も支店往査も，監査人が現場に赴くことができるため，会社の実際の業務を理解するうえで，有用な機会となります。

　基本的には，内部統制の業務プロセスの評価を主な目的として，往査を実施することが多いでしょう。工場や支店の規模に応じて，2〜3名程度の人数で，数日間実施する場合もあれば，期末の棚卸立会時にあわせて，工場往査を実施する場合もあります。

　工場往査は，通常，工場で生産管理を実施し，原価計算も行っているケースが多いため，会計に直接関連する項目としては，原価計算の計算過程や，原価計算の算定の基礎となる情報の収集過程を把握することになります。たとえば，原材料の投入が適切に反映されているかどうか，工場で作業している人の作業工数が適切に集計されているかどうかなどを確認します。このため，通常は製造ラインを見学し，製品がどのような工程で製造されるのかといったことも把握します。また，製造ラインを見学することで工場の稼働状況も把握でき，工場にある多くの機械設備など，固定資産の利用状況についても確認することができます。

　支店往査の場合は，通常，販売プロセスを重点的に把握することが多くなります。統制リスクの評価で，事前に理解した会社の業務プロセスに従って，実際の販売業務が適切に実施されているかどうかを評価します。また支店においては現金を扱う場合もあるため，現金の管理状況を確認することも重要な手続になります。また支店に商品在庫がある場合は，棚卸状況を把握し，陳腐化した商品がないかどうかなども確認します。

　工場往査も支店往査も複数の箇所がある場合は，ローテーション計画を立て，数年間を通して重要な箇所の往査を順番に実施できるようにするのが通常です。

■ 海外子会社の監査

　子会社についてどの程度の手続を実施するかは，前章の監査の基本的な方針で説明したように，その子会社の重要性に応じて決定します。このことは国内子会社の監査であろうと海外子会社の監査であろうと同じように判断することになります。

　海外子会社の重要性が低いのであれば，分析的手続だけで対応することができるため，その子会社の決算書を入手して分析的手続を実施し，質問事項等については親会社の担当者に質問するなどして手続を実施することができますが，重要性が高いのであれば，親会社と同レベルの監査手続を行うことになります。この場合，①親会社の監査人と同じネットワークの現地法人に監査を依頼する，②親会社の監査人が現地に赴いて監査を実施する，③親会社の監査人とネットワークが異なる現地の監査人に監査を依頼する，というパターンがありえます。

　大手監査法人の場合，①の海外のネットワークファームを利用ケースが多いでしょう。この場合，親会社の監査人は，現地のネットワークファームに監査の方針や手続を記載したインストラクションを送付し，それに従って現地の監査人が監査を実施し，その結果をまとめたレポートを定められた日付まで提出してもらうことになります。

　これは日本にある外資系の現地法人も同じで，①を利用する場合は，日本国内の監査法人は海外の提携先の監査法人からインストラクションを受領して子会社の監査を実施することになります。ただし，この海外のネットワークファームからの依頼による監査は，期限がタイトなケースが多く，依頼を受けた監査人はかなり短い期間で監査を実施することになります。

　たとえば，米国に本社がある会社の監査人から日本の現地法人の監査を依頼された場合，米国の決算発表のタイミングは早いですし，米国の本社では子会

社の決算書を受領してから連結する必要があるわけですから，かなり早いタイミングで監査のレポートも必要になります。

　米国の場合，12月決算の会社が多いので，日本の現地法人の監査人は１月10日前後には監査を終わらせて親会社の監査人にレポートを提出することになります。このような外資系の会社を担当する監査人は，当然ゆっくりと正月休みをとっている場合ではありませんが，もっと大変なのはこの監査に対応しなければならない会社の経理担当者です。

　IFRSの影響で，グループの決算期を統一する目的で12月決算に移行する企業も少しずつ出てきていますが，これらの企業担当者の正月休みはほとんどなくなってしまうでしょう。決算期統一で12月決算に移行する理由は，中国では12月が法定決算月であり，これを変更することができないためであるケースが多いようです。

　③のケースのように，海外のネットワークファーム以外の監査人に監査を依頼するケースもあります。これはすでに現地法人が監査を受けている場合に，その監査人に依頼するケースです。

　このような場合，親会社の監査人は，現地の監査人に依頼することが可能かどうかを検討することになります。ネットワークファームであれば同一品質の監査が期待できますが，現地ローカルの監査人の場合，その監査人の監査結果に依拠できるかどうか判断し，依拠できるレベルであればその監査人にインストラクションを送り，監査を実施してもらうことになります。依拠できないようであれば，海外子会社にすでに監査人がいるような場合であっても，親会社の監査人が現地に赴き，その海外子会社や現地の監査人にヒアリングを実施したり，関連資料を確認したりするなど，補完的な手続を実施することが考えられます。

　②のケースで，親会社の監査人が直接現地に行って監査を行うことがあります。海外子会社の数が少ない場合などは，親会社の監査人が直接監査を行ったほうが効率的であると考えられます。

　親会社の監査人が海外子会社の監査に行く場合，親会社の経理担当者などが同行することが多いので，結構な旅費がかかるのではないかと思わるかもしれ

ませんが，現地の監査人に依頼すれば，当然その分の監査報酬が依頼されますし，4大監査法人の海外ネットワークファームの監査報酬は高いということもあり，結局，親会社の監査人が現地に行って監査を行ったほうがコスト面でも安く済むこともあります。

ただし，日程の問題もあり，親会社の監査人が直接監査をすることは難しいので，その場合は，現地の監査人に監査を依頼することになるでしょう。

■ 連結財務諸表の監査

連結財務諸表は，連結グループの決算書を集約した財務諸表です。子会社の正しい決算数値を漏れなく取り込んだ後は，親会社の投資勘定と子会社の資本勘定の相殺，グループ内の内部取引の消去や債権債務の相殺，未実現利益の調整，非支配株主に帰属する利益の調整などといった連結仕訳を行うこととなり，会計技術的要素が高いものとなります。それなりの規模の上場会社であっても，連結財務諸表を実際に作成できるスキルや経験のある人は1人か2人ということもあります。

連結財務諸表の作成作業は，従来は1～2人の担当者に依存することになり，それ以外の経理担当者にとってはブラックボックスで，連結仕訳の誤りも社内でチェックできないということが多くありました。ただし，J-SOXが導入された後は，連結財務諸表の作成プロセスについても決算・財務報告プロセスとして評価の対象になるため，連結決算業務もかなり標準化されました。連結仕訳のチェックも実施されるため，連結財務諸表のミスも減ってきています。

また，連結財務諸表の作成のために，連結システムを導入している会社も増えているでしょう。ただし，これを利用する前提としては，連結仕訳の基礎的な部分は理解しておく必要があります。簿記の知識のない人が，会計システムを使いこなせないのと同じです。

このように連結財務諸表の作成プロセスもかなり標準化されてきましたので，連結財務諸表の監査にかかる工数も，以前に比べれば大分削減されています。以前は，連結仕訳で検討事項があった場合，会社の連結財務諸表の担当者とシニアレベルの会計士が複雑な連結決算上の会計処理について議論し，その

内容を経理部長に理解してもらうことに結構な時間がかかるということもありました。現在は，J-SOX対応を行っているような会社では，当然連結仕訳や連結財務諸表について経理部長が最終的な承認をしていますので，監査の作業もスムーズになっています。

図表4－2　連結財務諸表監査の作業手順

連結範囲の検討　→　グループ会社各社の決算数値の確認　→　開始仕訳の確認　→　連結仕訳の確認　→　分析的手続の実施

　具体的な監査の作業で，まず確認するのは，連結子会社および持分法適用関連会社の範囲の検討です。赤字子会社の連結外しによる粉飾は従来から不正の手口として利用されてきましたので，連結範囲に係る会計基準はかなり厳しくなっており，極端な場合，資本関係がなくても実質的に支配していれば子会社となります。したがって，監査上もこのような実質的に支配している会社が連結範囲に適切に含まれているかどうかについては，特に留意して確認します。

　連結範囲を確認した後は，連結財務諸表に取り込まれている親会社および各子会社の決算数値が正しいかどうか確認するため，親会社と子会社の監査済みの決算書と照合することになります。特に子会社の監査で指摘した修正事項が適切に反映されているか留意します。子会社の監査における指摘事項について，親会社の監査人は連絡を受けているものの，親会社の経理担当者に伝達されておらず修正がもれている可能性があるためです。

　親会社と子会社の決算数値が適切に取り込まれていることを確認した後は，開始仕訳の検証をします。開始仕訳とは，前期までの連結仕訳の累計です。連結仕訳は，前期までの連結仕訳をすべて取り込んだうえで，当期の追加仕訳を行っていくことになります。したがって，開始仕訳を前期の監査調書と照合し一致していることを確認することになります。

　その後は，当期の追加仕訳の検証作業です。仕訳自体を個々にチェックすることもあれば，前期の仕訳と比較するなど分析的手続で対応する場合もあります。グループ間の内部取引や債権債務の相殺消去，未実現利益の消去といった

連結仕訳は，毎期必要になりますし，当期中に新たに子会社を取得した場合や，売却した場合で資本項目の変動があるときは，連結上は複雑な仕訳が必要になるため，監査上も特に留意して確認することになります。

　さらに監査手続として，最終的に重視するのが，非支配株主持分の分析と，在外子会社を有する場合の為替換算調整勘定の分析になります。非支配株主持分については，基本的には，子会社の純資産の持分比率を乗じることで理論値が算出されるため，この理論値との差額を検証することで金額の正確性を検証することができます。また為替勘定調整勘定についても，ある程度の理論値を算出することができるため，理論値との差額を分析することでその妥当性を検証することになります。

　連結財務諸表についても，最後に全体的な分析を実施して，異常な項目の有無を確認します。また，連結財務諸表は，連結貸借対照表と連結損益計算書を作成した後に，連結キャッシュ・フロー計算書を作成するため，この作成段階で連結貸借対照表と連結損益計算書の誤りに気づくケースもあります。連結キャッシュ・フロー計算書は，一般的に間接法で作成するため，連結貸借対照表の増減がこのキャッシュ・フロー計算書として表現されることになります。間接法でのキャッシュ・フロー計算書がうまく作成できない場合は，そもそも連結貸借対照表や連結損益計算書にミスがある可能性があるのです。

■ 仕訳テスト

　会計監査人から年間分の仕訳データを依頼されていないでしょうか。経営者は内部統制を無効化して会計記録を改ざんし不正な財務諸表を作成できる特別な立場にあります。そのため，会計監査人は，内部統制を無効化するリスクを認識することが監査基準上求められており，当該リスクに対応した手続として仕訳テストを行っています。仕訳テストとは，仕訳データから不適切な仕訳入力や修正が行われた可能性がある仕訳を抽出し検証する手続です。これまでの監査では，当該抽出条件の設定は監査人の経験に依存していましたが，大手監査法人を中心として，仕訳テストへのAIの活用に関する取り組みが進められています。近い将来AIが自動抽出を行い，監査人は抽出された仕訳の検証に

集中できることが期待されています。

■ 開示チェック

　開示のチェックとは，開示書類である会社法の計算書類および附属明細書，金融商品取引法における有価証券報告書など，監査対象となる決算の開示資料のチェックの作業です。また，上場会社が，四半期ごとに発表する決算短信は，監査対象ではありませんが，決算短信で発表した数字を後から修正することは難しいため，決算短信で発表する決算数値についても，監査人がチェックすることが多いものと思われます。

　開示チェックの作業は，監査済の財務諸表と開示書類の決算数値が一致していることをチェックする手続です。特に有価証券報告書においては，貸借対照表，損益計算書，キャッシュ・フロー計算書等の財務諸表そのもの以外に，補足情報としての注記事項が，かなりのボリュームであるためこの注記項目については，開示チェックの段階で検証することになります。

　注記項目といっても，会計方針の記載や担保資産の注記といった単純なものから，金融商品の時価注記や税効果会計の注記など，注記そのものの作成にある程度時間がかかるものもあります。

　監査上は，通常財務諸表項目の監査を実施する過程で，担当する科目の中に注記が必要となる事項があれば，その内容も検証しておくようにします。

　たとえば，借入金の監査手続の過程で担保に供している資産があるかどうか，財務制限条項等があるかどうかなどを確認し，該当事項があれば，契約書等と突合のうえ，その金額や内容を監査調書の最初のページに記載しておきます。そうすることで，開示項目のチェックをスムーズに実施することができます。

　このように，財務諸表項目と関連するものはその過程で確認するわけですが，たとえば，連結財務諸表の税効果会計に関する注記などは，連結財務諸表の作成プロセスとは別に，注記のために数字を集計し算定する必要があります。したがって，このような注記項目については，注記数値の計算資料を別途入手し，その妥当性を検証することになります。

　また，この連結財務諸表の税効果会計に関する注記などは，連結財務諸表と

税務の両方の知識が必要であるため，作成するには高いスキルが必要になります。このような作成が難しい注記項目は，担当者のスキルに依存し，他の経理部の人には検証できないことが多かったのですが，J-SOXが導入されてからは，注記作成用のテンプレートを利用するなどして，他の人が検証できるようなチェック体制を整えている会社も増えています。

　注記事項だけでなく，開示資料の作成プロセス全体は，J-SOXの評価対象プロセスになるため，監査人のチェックにより，あまりにも修正が多く求められるのは問題です。J-SOXの導入前は，開示資料の作成担当者と監査人との間で資料を何回もやり取りして修正を加えていくケースが多かったのですが，最近ではそのようなことも減ってきています。

　監査上，注記事項で留意すべきものの1つが関連当事者にかかる注記です。関連当事者との取引は，第三者との取引とは異なり，通常とは異なる条件で行うことがあり得るため，これを利用して不正等が行われる可能性もあり，固有リスクが高いものと判断されます。そもそもリスクの高い項目であるからこそ注記項目とされているわけですが，監査上も関連当事者注記については，注記すべき取引に漏れはないかどうか，取引条件の注記は実際と整合しているかどうかなど，特に留意してチェックすることになります。

　また，投資家の視点から特に重要と考えられるのは，セグメント情報でしょう。財務諸表利用者にとっては，会社全体の財政状態や経営成績を示す財務諸表も重要ですが，会社のどの事業が儲かっていて，どの事業が足を引っ張っているかという情報を知りたいと考えられるためです。セグメント情報は，現在はマネジメントアプローチという方法でセグメントを区分する必要があり，日常的に社内で管理しているセグメントの単位で注記を行います。したがって監査上も，セグメントの区分が会社の通常の損益管理区分に一致しているかを確認し，さらにその区分ごとに集計された金額が正しいかどうかを確認します。

　有価証券報告書などに開示すべき項目は，ほぼ毎年，何らかの変更があります。したがって，監査上も最終的には，開示のチェックリストを利用して，開示すべき項目が抜けていないかチェックしています。大手の監査法人であれば法人内で毎期作成し職員に提供しますが，それ以外の監査人も日本公認会計士協会がこの開示のチェックリストを提供していますので，これを使ってチェッ

クしていることが多いようです。

■ 監査調書を作成する

　経理担当の皆さんは監査調書を目にする機会はないでしょうから，監査に来た会計士はずっとパソコンに向かっていったい何をしているのか，と思っている方も多いのではないでしょうか。会計士がパソコンに向かって黙々と作成しているのは監査調書です。

　現在，大手監査法人のほとんどは，パソコン上で「電子調書」といわれる監査調書を作成しています。この電子調書のシステムも提携先の国際ネットワークファームのシステムを日本用に一部改良して利用している場合がほとんどです。監査プログラムもこの監査システムの中に組み込まれているため，監査プログラムに沿って監査を実施し，実施した結果をパソコンに入力していきます。

　この監査プログラムは，基本的には米国で作成したものを輸入していますので，日本用に加工しているとはいえ，かなり詳細な手続となっています。特に大手監査法人は，この監査プログラムに対応すべくかなり時間をかけて入力作業をしていく必要があるのです。

　電子調書を利用している場合は，それぞれ監査システムの形式が異なり，監査調書の体系もそれぞれ異なっていると思いますが，勘定科目ごとの監査における一般的な調書体系は図表4－3のようになります。

図表4−3　一般的な監査調書の体系

①	リードスケジュール	科目ごとの前期比較表。数値の比較と増減理由，科目の特性，注記事項などをまとめて記載することが多い。
②	分析的手続の監査調書	科目をさらにブレイクダウンしたもの。たとえば勘定明細単位の比較分析，もしくは回転期間分析など，分析的手続に係る調書。
③	詳細テストの監査調書	請求書や納品書など証拠書類との照合結果などをまとめた調書。
④	証拠書類	②および③で利用した証拠書類の中で重要なものはコピーをとって保存する。

　①のリードスケジュールは，監査調書の表紙のようなもので，勘定科目ごとの前期比較もしくは四半期ごとの比較を記載し，その下にその勘定科目の特性や主な増減内容をまとめたものです。また，この科目に関連した注記事項などがあれば記載することも多いです。勘定科目を監査した結果としての結論や，何か検出事項があった場合にこの表紙となる監査調書に記載しておくことが一般的です。

　なお，リードスケジュール上は，前期比較や四半期ごとの比較数値を記載しますが，これはサマリーのようなものであって，監査人が予想値を立ててその予想値と比較して異常値の有無を確認する，厳密な意味での分析的手続の調書というわけではありません。

　図表4−4にリードスケジュールのサンプルを記載しています。

　なお，電子調書であっても，各項目のトップは図表のような前期との比較表を作成し，これを基礎として監査をスタートすることになります。

　リードスケジュールの次にくるものが，②分析的手続の調書です。分析的手続といってもさまざまなものがありますが，リードスケジュールの次にくる分析的手続の調書は，科目をブレイクダウンした資料の分析調書であることが一般的です。

　売掛金であれば，得意先別明細の前期比較にかかる分析調書になります。ブレイクダウンですので，得意先別明細の合計は，リードスケジュールの金額と

図表4－4 リードスケジュールの例

株式会社ABC				Ref	8000-10
第00期（20XX年3月期）					
項目：売上債権					
タイトル：リードスケジュール					

勘定科目	20X1年3月期	20X2年3月期	20X3年3月期	増減	
	千円	千円	千円	百万円	
受取手形	22,568,799	23,887,929	22,776,546	▲ 1,111	*1
売掛金	96,334,813	94,998,619	95,887,997	889	*2
合計	118,903,612	118,886,548	118,664,543	▲ 222	

科目の特性

ＸＸに対する売掛金は滞留傾向にあり，留意が必要である。

注記事項

期末日満期手形	44,567	66,337	88,776

関連当事者取引

売掛金（H社）	343,887	554,777	436,776

主な増減内容

*1：当期は手形の割引が，前期に比べXXX円多かったため手形残高が減少している。

*2：XX社に対する売上が増加したことにより売掛金がXX円増加した。

検出事項

該当なし

結論

重要な虚偽記載を認識させる事象は発見されなかった。

一致することが必要です。さらに，これ以外の分析にかかる監査調書もこれに続けて作成します。

　分析的手続の監査調書に記載する項目としては，分析的手続で立証するアサーション，分析的手続の方法，予測値の算定方法，予測値と実績値の差異，許容される差異の範囲，差異が許容値を超えたものの差異理由，結論などになります。

　分析的手続の監査調書の後には，詳細テストの監査調書を作成します。売上であれば，期末日前後の売上取引や返品などの試査によるテスト結果，投資有価証券など時価評価が必要となる項目については時価との照合結果，また引当金など見積り関連する項目であれば見積りについての評価結果をまとめた監査調書になります。

　試査によるテスト結果をまとめた監査調書で記載する項目としては，テスト対象となる項目，テストの基準日，立証すべきアサーション，母集団の定義，エラーの定義，サンプルの抽出方法，テスト対象割合，テスト対象項目の検討結果，テストの結論などになります。

　監査調書の最後には，入手した証拠書類のうち重要なもののコピーを綴っておくことになります。必ずしも検証したすべての資料のコピーを保存するわけではなく，契約書など，重要なものや情報量の多いものはコピーを保存することが一般的です。なお，証拠書類は，すべてを最後に綴っておくケースもあれば，実際に利用した監査調書の後に，それぞれ綴るケースもあります。

　このように監査調書は，分析そのものや，テスト結果そのものだけでなく，分析の目的や予測値の根拠，エラーの内容やサンプリングの方法なども記載しなければならないため，ドキュメンテーションに時間がかかります。

　また，監査調書は，監査報告書の提出日までに作成し，マネージャーやパートナーにレビューしてもらう必要があります。さらに，監査報告日から概ね60日以内に整理を完了して保存（電子調書ではアーカイブ）することになります。監査報告日後は，整理するのみで，当然ながら手続を加えたり結論を修正したりすることはできません。監査調書の具体的な体系については第8章「監査調書に合わせた体系的な資料」（P.170以降）をご参照ください。

第5章

内部統制監査対応の実務

■ 内部統制監査対応の実務

　J-SOXとして知られる内部統制監査が2009年3月に導入されて久しいですが，監査法人はJ-SOX導入以前から内部統制の監査を行っていました。エンロン事件を発端とし，米国でSOX（サーベンス・オクスリー法）法が導入されることに伴い，日本で導入されたのがJ-SOX法です。本場のSOX法は非常に厳しく，日本では全上場会社に導入する際に米国のSOX法をそのまま持ち込んだ場合，ほとんどの企業が対応不能になるという予測のもとに，本家本元から大幅に負担を軽減化したJ-SOX法が導入されたわけです。

■ J-SOX対応の問題点

　本家本元のSOX法からは大幅に負担が軽減されたものの，日本でははじめての内部統制に関する外部監査ということもあり，本来J-SOXが求めているレベルを大幅に超過した作業をしてしまった企業もたくさんありました。
　ここであらためて，J-SOXの特徴を整理しておきます。

・財務報告の信頼性確保を目的としている
・業務プロセスについてはアサーションを抑えることが目的

　この2点について，それぞれ説明を加えておきます。
　内部統制の目的は，以下の図表5－1のとおり，業務の有効性および効率性，

図表5－1　内部統制の目的

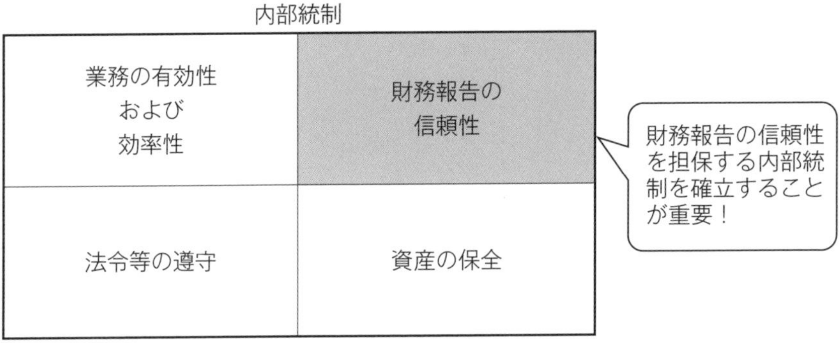

内部統制

業務の有効性 および 効率性	財務報告の 信頼性
法令等の遵守	資産の保全

財務報告の信頼性を担保する内部統制を確立することが重要！

法令等の遵守，財務報告の信頼性，資産の保全，この4つになります。

このうち，J-SOXの目的は財務報告の信頼性のみです。

与信管理を例に説明します。監査法人が内部統制の監査に来ている場面を想定してください。もし，与信管理規程が制定されていなかったら，あるいは与信管理規程は整備されていても運用が適正にされていなかったら，おそらくは監査法人は内部統制上，問題があるとして指摘するでしょう。これは内部統制全体として考えれば正しいのですが，J-SOXに限定すると間違いです。なぜならば与信管理を適正にするかどうかというのは，業務の有効性および効率性と資産の保全を目的としている内部統制だからです。

念のため，与信管理とは何か，という点から押さえておきましょう。

与信管理とは，現金取引でなく，掛取引いわゆる信用取引を行っている場合に，いくらまでであれば貸倒リスクが少ないかどうかを適正に決め，管理することによって，きちんと売上債権を回収できるように管理する体制のことをいいます。会社にとって重要な資産である売掛金や受取手形といった資産価値の保全を図り，個別の取引ごとにいくらまで掛取引が可能かどうかという個別承認をする手続も与信管理には含まれます。

このように与信管理というのは内部統制の4つの目的のうち，業務の有効性および効率性と資産の保全を目的としているものです。

　J-SOXの目的はあくまでも財務報告の信頼性にあります。もう少しわかりやすくいうと，業務が仮に効率的に行われてなかろうと，資産価値が保全されてなかろうと，経営実態を財務諸表に表示できる統制がとれていればそれでよいのです。

　与信管理についていえば，仮に与信管理が十分でなかったとしても，回収不能の債権をしっかり把握し，必要な貸倒引当金や貸倒損失を計上できる体制が構築・運用できていれば，それでJ-SOXの目的である財務報告の信頼性は実現できます。

　このように，まずはJ-SOXの目的を明確にしておく必要があります。J-SOX導入から時間が経過し，J-SOXの担当者もすでに導入時とは変わり，当初の目的をきちんと認識せずにいたずらに負担が増えることのないように注意することが必要です。すでにルーチンワークとなっているJ-SOX対応に落とし穴があることも多いです。一度時間をとってJ-SOX対応業務が自社の現状とあっているのか，チェックすることも重要です。

■ 財務報告の信頼性があることを示すのはアサーション

　次に，J-SOXの目的である財務報告の信頼性があることをどのように監査法人に示すべきか説明します。

　多くの企業の場合，現在の業務をフローチャートに書き表し，そこでリスクがどこにあるかを洗い出し，リスクを抑えるどんなコントロールをしているのかを文書化していると思います。このアプローチは間違いではないのですが，J-SOX対応を効率的にしようと思った場合，結果としてリスクの範囲が多くなりすぎます。

　たとえば先に説明した与信管理を例にとると，J-SOX対応として，本来はJ-SOXの目的ではない与信管理そのものが適正に整備・運用されているかどうかについてのテストをすることになり，過重な負担がかかってしまいます。

　これを避けるためには，J-SOXの最終目的を明確にしておくことです。その目的とは，アサーションをしっかり抑えることです。イメージすると以下の図

表5－2のようになります。

図表5－2　J-SOX対応のイメージ

J-SOXの目的
財務報告の信頼性を確保できる
内部統制を構築し，適正に運用
できていることを文書に残し，
内部統制報告書を作成する。

OK!　　　　　　　　　　　　NG!

① アサーションを網羅すること
② アサーションに対するコント
　ロールを整備すること

業務に沿って忠実にフローチャー
トを描き出すこと

■ あらためて，アサーションとは何か

　アサーションという概念は別名「監査要点」といい，J-SOXが導入されるずっ
と以前から，監査人が監査手続をしていくために常に気にしていたポイントに
なります。

　現在，大手の監査法人では，あらかじめ決められたプログラムに従って監査
手続書が電子的に作られますが，かつてはパートナーやインチャージ（主査）
が各々の監査クライアントの実態にあった監査手続を手作業で作っていまし
た。その時に監査手続の漏れや重複を防ぐためにこのアサーションを使ってい
ました。

　言い換えると，このアサーションをしっかりと抑えれば監査手続は問題なく
終わりますし，必要なアサーションを漏らしてしまうと監査には瑕疵が残って
しまうというわけです。したがって，アサーションと呼ぶよりは，監査要点と
呼ばれることが多かったのです。

　あらためて，アサーションの種類と意味を図表5－3にまとめておきます。

図表5－3 アサーションの種類と意味

- 実在性
  ―資産および負債が実際に存在し，取引や会計事象が実際に発生していること
- 網羅性
  ―計上すべき資産，負債，取引や会計事象をすべて記録していること
- 権利と義務の帰属
  ―計上されている資産に対する権利及び負債に対する義務が企業に帰属していること
- 評価の妥当性
  ―資産および負債を適切な価額で計上していること
- 期間配分の適切性
  ―取引や会計事象を適切な金額で記録し，収益および費用を適切な期間に配分していること
- 表示の妥当性
  ―取引や会計事象を適切に表示していること

このようにアサーションは監査をする側にとって有用なツールでしたが，J-SOXでは監査人ではなく，被監査会社で使用する概念になったため，監査要点という実態に即した日本語訳ではなく「アサーション」と英語読みそのままをせざるを得なくなったのです。

■ J-SOX対応の全体像

ここで，J-SOXで作成，対応すべき文書の全体像を整理しておきましょう。大きく分けると以下のようなイメージです。

アサーションをしっかり抑える必要があるのは，図表5－4の業務処理統制です。この業務処理統制の評価範囲はご承知のとおり，売上の3分の2以上をカバーし，売上，売掛金，棚卸資産および財務報告に関わる業務プロセスとなりますが，これは先にも述べたとおり，被監査会社の負担を軽減するために配慮されたものです。

注意しておきたいのは，J-SOX以外にも監査人はクライアントの内部統制の評価をしなければならない点です。会計監査はすべての証票をチェックする精

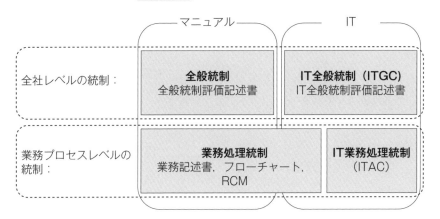

図表5－4　J-SOXにおける統制

査することは通常ありえず，サンプルベースでのみ証憑チェックをする試査の形式をとらざるを得ません。その場合には，理論的にいえば，精査ができない，あるいは精査をせずにミスを仮に見逃しても問題のないくらい金額的重要性の低い勘定科目を除いて，内部統制がきちんと整備・運用されていることを確認しておく必要があるわけです。これはJ-SOX導入前からルールとしては変わりがありませんが，実態としてはJ-SOX導入後に，J-SOX以外の部分についても監査人の内部統制監査に対する意識が高くなっていることは否定しきれませんので，注意が必要です。

　J-SOXの適用対象は上場会社ですが，このような理由から上場会社以外でも監査法人による内部統制の監査は当然に必要となってきます。

　業務処理統制については，負担軽減のために相当の監査手続の省力化が認められているため，全体的な観点からは，大きな内部統制上の不備があると監査をする側が困ることになります。そこで，全社統制やITGCと呼ばれるIT全般統制では総論的に大きな問題がないことをしっかりと証明しておく必要があるわけです。

　全社統制やITGCで大きな問題が生じることはあまりありませんが，今後も気を抜かずに対応を進めていただければと思います。

■ J-SOX監査対応効率化へ向けて

　J-SOX対応で工数がかかるのは，やはり業務処理統制です。ここを効率化するためには，すでに述べたとおり，アサーションをどれだけしっかり抑えることができるかという点が重要なポイントになってきます。ここでポイントとなるのは，一般にRCMと呼ばれるリスクコントロールマトリックスです。

　監査対応を効率化するためには以下の手順でRCMを作成することをおすすめします（図表5-5）。

　ここでのポイントはあくまでも，アサーションです。リスクからアプローチするのではなく，アサーションをしっかり抑えることのできるコントロールにどんなものがあるか，という視点でRCMの見直しをしてください。この方法をとると，同じアサーションを複数のコントロールでチェックしているものがいくつも見つかるはずです。その場合，J-SOXの効率化という観点からは，必ずしもすべてのコントロールをテスト対象とする必要はありません。思い切ってテスト対象のコントロールをカットしていっても構わないのです。

　こうして残ったコントロールをキーコントロールと呼ぶのが一般的です。

■ J-SOXにおけるリスクの考え方

　アサーションを中心にしてRCMを作ることがJ-SOX対応を効率化する最大のポイントであることは間違いないのですが，リスクという用語が明確に定義されていないことによって，J-SOXに本来必要とされていないリスクやコントロールをテスト対象としてしまい，結果的に効率的なJ-SOX対応ができていない可能性が考えられます。

　そこで，J-SOXに対応するためのリスクの考え方についても触れておきます。

　図表5-6に記載のとおり，2つのリスクを意識してください。あくまでもJ-SOXの目的は，財務報告の信頼性のみにありますので，経営が効率化しないなど，会社に損失を与えるかもしれないという会社経営にとって一番重要なリスクは，J-SOXでは必ずしもリスクとしてとらえる必要がないという点に注意が必要です。

図表5−5　リスクコントロールマトリクスで要求される作業

業種	リスクの内容①	統制の内容②	要件（アサーション）③						評価	評価内容
			実在性	網羅性	権利と義務の帰属	評価の妥当性	期間配分の適切性	表示の妥当性		
受注	受注入力の金額を誤る	注文請書，出荷指図書は，販売部門の入力担当者により注文書と照合される。全ての注文書と出荷指図書は，販売責任者の承認を受けている	○	○					○	−
受注	与信限度額を超過した受注を受ける	受注入力は，得意先の登録条件に適合した注文のみ入力できる				○			○	−
⋮										
出荷	出荷依頼より少ない数量を発送する	出荷部門の担当者により出荷指図書と商品が一致しているか確認される	○		○				△	不規則的な出荷に担当者が対応できなかった。
出荷	出荷指図書の日程どおりに商品が出荷されない	出荷指図書の日付と出荷報告書の日付が照合される					○		○	−
⋮										
⋮										

①　適正な財務報告を確保する内部統制に関係するリスクを洗い出し，
②　①のリスクに対応するチェック体制＝統制を対応させ，
③　②の統制と要件（アサーション，監査要点）を関連付け，
④　要件（アサーション）を網羅しているかどうかを確認し，不足している要点（アサーション）があれば，それをカバーする統制を新たにオペレーションとして追加する

出所：「財務報告に係る内部統制の評価及び監査に関する実施基準（参考3）」に一部加筆

図表5－6　J-SOXのリスク

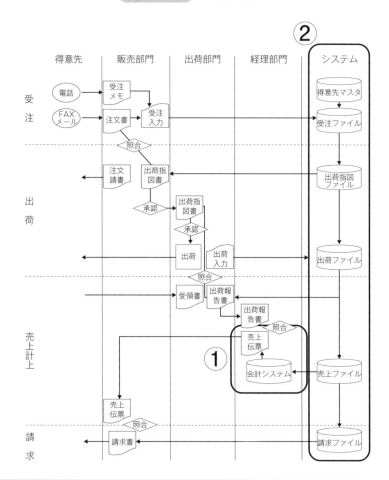

① 　会計システムに流し込まれるデータがモノ・帳票の流れと一致していることが相互チェックされており，適切な承認過程を経ていないかもしれない，要するに「会計システムに正しい情報が入力されないかもしれないリスク」
② 　そもそもの取引自体が適切なチェックを受けていないかもしれない，要するに「適正な取引がされていないかもしれないリスク」

出所：「財務報告に係る内部統制の評価及び監査に関する実施基準（参考2）」に一部加筆

■ J-SOXと監査法人との協力体制

　財務諸表監査と内部統制監査の双方で，内部統制の監査は行われています。内部統制監査，いわゆるJ-SOX監査は，米国SOX法を参考に日本での実務上の実行可能性を鑑み，本家のSOX法と比較して，かなり緩和された形で導入をされました。

　業務処理統制の対象範囲を売上の75％程度にしていることはその一例です。一方で内部統制が有効に整備・運用されていることを前提に進めている財務諸表監査では，より広範囲の内部統制の整備・運用状況を監査していることが通常です。

　もちろん，監査法人は財務諸表監査のなかでも，内部統制監査の結果も利用できる部分については利用します。内部統制監査＝J-SOXが良好に整備・運用されていると，監査法人は，内部統制監査も順調に進められますし，財務諸表監査にその結果を利用することもできます。結果的に効率的な監査が可能となり，監査工数の削減，ひいては監査報酬の削減という結果につながりやすくなります。

第6章

IT統制監査の手続と対応

■ ITへの対応とIT統制監査の意味

　今日の企業は，ITを利用して基幹業務処理を行うだけではなく，ｅコマースの展開などの営業面でもITを積極的に活用しています。

　特に監査対象となる大企業においては，事業の多様化・グローバル化，取引の複雑化と件数の増大により，ITの活用なくしては企業の存続・発展が危ぶまれる状況になっており，監査においてもITへの対応が求められる状況になっています。

　この結果，監査を受ける企業においては，ITに関わる内部統制を整備・運用するとともに，監査法人がどのようなITに関わる内部統制監査を実施するのかについて学んでおくことが必要です。

　内部統制基準では，内部統制の基本的要素である「ITへの対応」は，図表6－1のような内容からなっています。

　監査法人が行うIT統制監査では，上記の「ITの統制」の整備・運用状況について，経営者による評価をベースに検討することになります。

図表6－1　ITへの対応

IT環境への対応		組織を取り巻くIT環境を適切に理解し，それを踏まえて，ITの利用および統制について適切な対応を行うこと。
ITの利用および統制	ITの利用	組織内において，内部統制の他の基本的要素の有効性を確保するためにITを有効かつ効率的に利用すること。
	ITの統制	組織内において業務に体系的に組み込まれてさまざまな形で利用されているITに対して，組織目標を達成するために，あらかじめ適切な方針および手続を定め，内部統制の他の基本的要素をより有効に機能させること。

■ IT統制の構造

　IT統制監査の内容を理解するためには，まず，監査法人が想定しているIT統制の構造を理解することが必要です。次の図表6－2は，IT統制の構造を図示したものです。

　IT統制は，IT全社的統制，IT全般統制，IT業務処理統制という三層からなり，最終的には，マニュアル統制と一体となってアサーションを担保することによって，適正な財務報告を保証します。

　まず，IT全社的統制は，IT統制が企業集団全体として有効に機能するようにするためのITに関連する方針や手続などを指します。IT全社的統制は，企業グループ全体に共通の統制であり，IT全般統制が有効に機能する環境を担保します。

　次に，IT全般統制は，IT基盤（業務処理システムが動くベースとなるハードウェア，基本ソフトウェア，ネットワーク，データベースなどのまとまり）を単位として構築される業務処理システムにおけるプログラムとデータの信頼性を保証する統制活動を意味します。IT全般統制は，IT業務処理統制が有効に機能する環境を担保します。

　そして，IT業務処理統制は，業務プロセスにおいて，承認された取引がすべて漏れなく正確に処理され，記録されることを担保するために業務処理システムに組み込まれた統制活動を意味します。IT業務処理統制は，マニュアル統制と一体となって適正な財務報告を保証します。

図表6－2　IT統制の構造

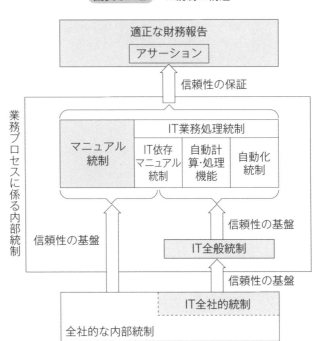

次に，これらの内容を具体的に見てみましょう。なお，IT全社的統制とIT全般統制については，主として，経済産業省の「システム管理基準 追補版（財務報告に係るIT統制ガイダンス）」の第Ⅱ章・第Ⅲ章に基づいています。

■ IT全社的統制

　IT全社的統制とは，企業集団全体を対象としたITに係わる共通の内部統制のことであり，企業集団全体のITの健全性を維持し，モニタリングするために構築するもので，内部統制の基本的要素に対応する次のような内容からなります。

① ITに関する基本方針の作成と明示（統制環境）
② ITに関するリスクの評価と対応（リスクの評価と対応）
③ 統制手続の整備と周知（統制活動）
④ 情報伝達の体制と仕組みの整備（情報と伝達）
⑤ 全社的な実施状況の確認（モニタリング）

次に，IT全社的統制の役割について，具体例を交えて考えてみたいと思います。

(1) IT全社的統制を構築する意味

ITに関する全社的な方針，手続などを明確にすることは，IT統制が効果的に機能するための基盤となります。たとえば，ネットワークの整備・運用の方針や利用する基本ソフトウェア，プラットフォームなどの選択の方針が全社的に確立され，それに沿って実施されていれば，これらの事項をIT全社的統制に支えられているIT全般統制とIT業務処理統制において個別に考慮する必要がなくなり，IT全般統制とIT業務処理統制の信頼性が高まります。

(2) IT全社的統制が有効な場合の効果

たとえば，多店舗展開をしている企業などで複数の店舗が同一の方針に基づいてITの運用・整備を行っていることが確認できる場合には，評価の範囲を絞り込み，一部の店舗の業務プロセスに関するIT統制を評価することで全体の評価とすることが可能になります。

(3) IT全社的統制に不備がある場合の影響

たとえば，ITの導入に関する全社的な方針が徹底されていない場合には，ネットワークや基本ソフトウェアがアプリケーション・システムごとに整合性なく構築され，その結果，データの信頼性に影響を及ぼしていることが考えられます。

また，ITに係る規程類の内容や従業員への周知・徹底が不十分な場合には，事業拠点によってIT統制の運用の水準が異なることが考えられます。

　IT全社的統制の有効性評価においては，IT全般統制およびIT業務処理統制の信頼性を確保するために，企業集団全体の方針や手続がどのように設定されているかという観点から，評価を行うことが必要です。監査法人では，IT全社的統制（「会社レベルのIT統制」などとも呼ばれます）を評価するためのチェックリストを作成していることが多いので，これを参考にして有効性を評価し，内部統制監査を受けることになります。

■ IT全般統制

　IT全般統制は，IT業務処理統制が経営者の意図したとおり整備され，継続的に運用されることを支援するための仕組みや活動のことを意味し，IT全社的統制の基盤のうえに構築されます。

　IT全般統制の統制目標としては，次のものをあげることができます。

> ①　プログラムの開発管理を適切に行うこと。
> ②　プログラムの変更管理を適切に行うこと。
> ③　コンピュータの運用管理を適切に行うこと。
> ④　プログラムとデータの情報セキュリティ管理を適切に行うこと。

　では，なぜこれらの仕組みや活動がIT業務処理統制の信頼性を高めるのでしょうか。コンピュータによる情報処理においては，ユーザーがプログラムを通じてデータにアクセスして情報処理を行っています。したがって，財務報告に関連する情報処理の信頼性を確保するためには，プログラムとデータの正確性確保と改ざん防止の仕組みや活動が必要になります。

　これを具体的な活動に関連させて述べると，次のようなステップで考えることができます。

> ①　新規のプログラムについては，テストされ承認されて信頼性が確認された正しいプログラムのみが本番環境に移行されること。
> ②　プログラムの変更を行う場合にも，①と同様にテストと承認の過程を経て，正しいプログラムのみが本番環境に移行されること。
> 　⇒①と②によって，まずプログラムの信頼性が確保されます。

③　プログラムのオペレーションにおいて，未承認の処理や不正な処理が防止されること。
　⇒これによって，プログラムが経営者の意図に沿って実行されることが保証されます。
④　プログラムと関連するデータへのアクセスにおいて，あらかじめ承認された者だけが行うことができるようにアクセス権限が設定されており（予防的統制），さらにアクセスのモニタリングによりアクセス権限違反がないことを確認することで，プログラムとデータの改ざんが防止される（発見的統制）こと。
　⇒これによって，①から③の正規のルート以外によるプログラムとデータの改ざんが防止されます。

　以上の①から④がIT全般統制の基本的な考え方を示すステップですが，この他に⑤から⑦の要件も考慮することが必要です。

⑤　旧システムからのデータの移行において，旧システムから変換されて，新システムに移行されるデータについても同様の過程を経て，本番環境に移行されること。
⑥　IT基盤の構築と保守において，プログラムとデータの信頼性が確保されるようにすること。
⑦　開発・保守・運用のプロセスの外部委託を行っている場合にも，委託先においてプログラムとデータの信頼性が確保されるようにすること。

　なお，⑥と⑦に関連して，データセンターやネットワークの運用における信頼性の確保が重要です。例えば，クラウドサービスを利用してる場合には，クラウドサービスの品質や情報セキュリティがどのようにして確保されているかについても評価しておく必要があります。
　また，IT全般統制の有効性評価の中でしばしば問題となる事項として，先ほど述べた新規のプログラムのインストールやプログラムの変更の方針と手続の問題があります。これを「本番環境への移行」と呼んでいます。その際に考慮すべき留意点としては，以下のようなものがあります。

・本番環境と，開発・テスト環境は，別のライブラリまたはサーバーが割り当てられることによって分離されているか。

- 本番環境への移行に関する手順・様式が定められているか。
- 緊急にプログラムの変更が必要になった場合の手順が適切に定められているか。
- 本番環境への移行は，定められたIT部門の責任者の承認を得て行われているか。
- アプリケーション・システムの開発・テストの完了とそのプログラム等の本番環境への移行との関係が，ドキュメントにより明確になっているか。
- 本番環境への移行を行う担当者が，開発・テスト作業を兼務していないか。
- 本番環境への移行の権限は，ユーザーIDによって区分されており，開発・テストの担当者は移行の実行ができないようになっているか。
- 本番環境への移行の権限を有するユーザーIDおよびパスワードは，適切に管理されているか。ユーザーIDは個人別に設定されているか。
- 本番環境への移行について，ライブラリの更新日付，ログ等により，監査証跡が確保されているか。

　以上の留意点は完全にはクリアーされていないケースも多いのが実情です。不十分な場合には，プログラムやデータの信頼性や改ざんに関するリスクがどの程度あるかを見極めたうえで，合理的な対応策を検討する必要があります。

　IT全般統制の有効性評価においても，監査法人が評価のためのチェックリストを作成していることが多いので，これを参考にして有効性を評価し，内部統制監査を受けることになります。

■ IT業務処理統制

　IT業務処理統制は，業務プロセスにおいて，承認された取引がすべて漏れなく正確に処理され，記録されることを担保するために業務処理システムに組み込まれた統制活動を意味します。すなわち，IT業務処理統制における統制目標は，財務報告のための情報の信頼性（正確性，網羅性，適時性，正当性）の確保にあります。

　日本公認会計士協会IT委員会研究報告第35号「ITに係る内部統制の枠組み～自動化された業務処理統制等と全般統制～」では，広義のIT業務処理統制概念を採用しており，3つの分類から構成されています。なお，カッコ内の下線部は，図表6－2に記載した名称です。

---

① 自動化された業務処理統制（自動化統制）
② 自動化された会計処理手続（自動計算・処理機能）
③ 手作業の統制に利用されるシステムから自動生成された情報（IT依存マニュアル統制に利用する情報）

　上記のうち，②および③は，狭義のIT業務処理統制には含まれませんが，①と同様にIT全般統制により支援されるITにより自動化された機能であるため，実務上IT業務処理統制の有効性評価においても対象とされています。

　次にこれらの機能について，研究報告に基づいて具体的にみてみましょう。

(1)　自動化された業務処理統制（自動化統制）

　自動化された業務処理統制とは，情報の正確性，網羅性，適時性，正当性等の達成のためにアプリケーション・システムに組み込まれた内部統制を意味しています。ここでいう網羅性は，漏れがないことのほかに重複がないことも含んでいます。また，正当性は，組織の方針に合致していることを責任者による承認や承認を受けた基準によって保障していることを意味しています。

　たとえば，Webでの受注やEDI（電子データ交換）を利用する受発注システムでは，手作業を経ないで情報システムの機能によって，マスターデータとの照合や数値の正確性の確認が実施されますが，これがIT業務処理統制における統制機能の実装の例です。

　このほかに自動化された業務処理統制の具体例としては，次のようなものがあります。

---

① 取引データの入力時の項目網羅性チェック（項目の入力漏れを防止します）
② 画面入力時のプルダウンメニュー（選択できる項目が限定されることで誤入力を防止します）
③ 受注データの入力時の単価のマスタファイルとのチェック（単価の入力誤りや異常な単価の入力を防止します）
④ 端末メニューの使用制限（権限を持たない部署の担当者によるアクセスを防止します）
⑤ バッチトータルチェック（処理の前後における件数，数量，金額などの合

> 計を処理の単位ごとに確認することで処理の網羅性や処理前後の整合性を確
> 保します)

(2) 自動化された会計処理手続（自動計算・処理機能）

　自動化された会計処理手続とは，計算，分類，見積，その他会計処理を人間
に代わりアプリケーション・システムが行う手続を意味します。

　自動化された会計処理の具体例には，次のようなものがあります。

> ①　登録済みの固定資産マスターデータに基づいて行われる減価償却費の計算
> 　処理機能
> ②　各種の原価データおよび棚卸資産データに基づいて行われる棚卸原価の計
> 　算処理機能
> ③　入力された仕訳データが，事前に登録されている仕訳パターンに従って自
> 　動的に会計仕訳を行う機能
> ④　一定期間に入力された仕訳データについて，特定の処理コード（たとえば，
> 　勘定科目コード）ごとに合計金額を計算する機能

---

(3) 手作業の統制に利用されるシステムから自動生成された情報（IT依存マニュアル統制に利用する情報）

　業務処理を行う情報システムでは，コンピュータによる情報処理に組み込ま
れた統制と人手による入力情報の確認や出力結果と伝票との照合の組み合わせ
によって，統制活動を構築しているケースが多くみられます。

　システムから自動生成される情報の具体例としては，次のようなものがあり
ます。

> ①　エラーリストや例外リストのように，処理過程の途中において，事前に定
> 　められている一定の条件に合致する取引データについて，継続処理を中断し
> 　て，あるいは，継続して実施する処理とは別に対象データを出力した情報
> ②　支払に関する業務システムにおいて，事前に登録されている金額を超える
> 　支払データのみを抽出して出力した情報ある時点における売掛金残高につい
> 　て，その残高を構成する取引データの発生時期とその金額を時系列で表示し
> 　た年齢調べレポートを出力した情報

③　一定期間に入力された仕訳データより事前に登録された仕訳パターンに該
　当しない仕訳データを出力した情報

　これまでに述べたIT業務処理統制の機能は，業務処理システムの開発時に
組み込まれ，必要に応じてシステム変更が行われます。このため，評価対象と
なった業務プロセスの内部統制の有効性評価に関連させて，広義のIT業務処
理統制に該当する機能がどのように組み込まれているかを確認しておく必要が
あります。
　監査法人は，監査対象とした業務プロセスについて，IT業務処理統制の機
能を確認しますので，情報システムのマニュアルや実際に本番稼働している画
面や帳票を示し，場合によってはデータを提示することで監査に対応すること
になります。

第7章

監査法人との付き合い方

この章では，監査法人との付き合い方について述べていきます。監査法人の監査を長く受けられている経理部のみなさんにとっては，すでにご理解いただいていることばかりかもしれませんが，工場であったり，支店であったり，在外子会社などでは監査法人の監査をはじめて受ける，という方も少なくないでしょう。そういった方も対象にして進めていきたいと思います。

■ 監査法人は何をしに来るのか

監査法人がクライアントの事務所や工場を訪問して作業をする場合，主に以下の4つを目的としています。

① 残高監査

　BS，PLの数値を確認します。手続としては，ヒアリングによる分析，注文書や契約書などの証票と勘定残高の突合をします。

　基本は，四半期末を含めた期末の数値を確認するため，期末日後に訪問し，確認しますが，子会社や関連会社，工場などの事業所などで金額的重要性が高くない場合，内部統制監査の一環で期末監査以外の期間に訪問して，過去の決算における残高監査を実施することもあります。

② 内部統制

　内部統制監査には大きく分けて，整備と検証のフェーズがあります。内部統制の整備とは，適正な形で内部統制が構築されているかどうかを確認するフェーズです。はじめて内部統制監査対応をする場合を除いては，すでにフローチャートやRCMがあるでしょうから，それを元にヒアリングをして，過去との業務フ

ローの変更点がないかを確認し，変更があれば，それを元に業務フローやRCM
を修正します。

　ここでポイントになるのは，ただ現状を明確にすればよいというわけではな
く，会計監査で必要とされるアサーションをきちんと網羅したチェック機能（内
部統制上は「コントロール」といいます）をしっかり確保しているかどうかが
問題となります。

　たとえば，内部統制の基本として，金庫の出納担当者と帳簿の記帳担当者は
別々にする，という原則があります。内部統制の整備のフェーズでは，こうし
たことが組織規程や職務分掌規程などで定められているかどうかをチェックし
ます。これを「内部統制の整備状況の確認をする」と表現します。

　一方で，内部統制の検証というフェーズでは規程で定められているだけなく，
本当に出納担当者と記帳の担当者が別々になっていることを現地で確かめると
ともに，実際の入出金手続をサンプルで25件抽出し，問題なく運用されている
ことを確かめます。この25件というのは，90％以上の信頼度を確保するために
内部統制にかかる実施基準で要求されているサンプル数で，多くの企業で採用
されているサンプル件数です。

③　実査，立会，確認

　実査とは，監査法人が現金や株券などの有価証券の現物を実際に確認するこ
とをいいます。よって，実査が行われるのは実際に現金や有価証券などを保管
している事業所が対象になります。

　立会は被監査会社が実施する棚卸が適正に実施されているかどうかを監査法
人が立会，確認する手法です。したがって，在庫を保管，管理している倉庫な
どがその対象となります。

　確認とは，金融機関や取引先に対して，銀行口座の内容や金額，あるいは債
権債務等の存在の有無や金額を確認する方法です。したがって，銀行口座を管
理している財務部門や，債権債務の残高管理をしている営業，購買の事務部門
などがその対象となります。

④　問題点の調査，現地確認

　上記以外にも，本社管理部門などから会計上や不正などの問題点の情報を入
手し，実態確認のために特定の事業所や関連会社などに訪問し，実態調査を実
施します。

　監査法人は基本的に，訪問前に目的と事前に準備をお願いしたい資料を書面にて訪問先の担当者に通知します。監査を受ける側は目的をしっかりと把握して，監査法人の目的に沿った形で資料を準備しておくことによってスムーズな監査対応が可能になります。

　万一，何のために訪問されるのか不明確な場合には，経理部門を通じて目的を確認し，事前にしっかりとした準備をしておくことが，効率的な監査対応のポイントになります。

■ 監査法人の第一印象を大切に

　監査法人の社員や職員も人間です。第一印象が非常に重要です。

　支店や倉庫でも整理整頓がきちんとされていて，事前に依頼した資料がきちんと準備されている，また，責任者がしっかり業績や経営管理について知識を持ち，滞りなく説明をしてくれる，という状況にあると，監査法人は安心して監査の手続を進められます。

　一方で，はじめて訪問した事業所の整理整頓ができていない，あるいは責任者が自事業所の業績や経営管理についても，まともな説明ができないという状況にあると監査法人も不安になります。不安になるだけなら問題はありませんが，監査法人が不安になるということは，ミスや不正があるのはないかと疑いながら監査をするということと同義です。

　監査法人から信頼されて監査を受けるのと，監査法人が不安を抱えた状態で，不信感を持たれながら監査を受けるのでは，精神的な負担や実際の監査時間もかなり変わってきます。監査法人の立場を考慮して，効率的な監査対応を目指してください。

■ 監査対応中にお茶・食事を出すべきか

　これははじめて監査対応をされる場合には悩まれることも多いでしょうが，少なくともお茶は出していただいて結構です。食事は明らかに付近に食事をとるような場所がない場合に，過度に豪華でないものであれば出していただいて

もよいですし，付近で食事を容易にとれるようであれば，出す必要はありません。もちろんはじめて監査法人の監査を受けるような場合に，ランチを一緒にとるということはコミュニケーションの点から悪いことではないと思います。会計を割り勘にすれば何の問題もありません。

　一方で，夜の接待は基本的には不要です。しかし，地方出張や海外出張，本社が地方の場合などで，監査法人の職員が夕食を現地でとらざるを得ないこともあるでしょう。その場合も，毎日夕食に付き合う必要性は全くありませんが，1日くらいは食事をご一緒され，監査業務以外ではお互いにどんな人間なのかということを知るコミュニケーションの場を持っていただいてよいと思います。これも極端に豪華な飲食でなく，しかも割り勘にすれば監査法人にとっても問題はありません。

■ 独立性に異常に気を遣う監査法人

　監査法人が，なぜこんなことを気にするのかというと「独立性」を保つ必要があるからです。会計監査をする際に，監査対象となる企業からは独立した第三者が監査をするのが，会計監査の原理原則です。

　過度に接待を受けているようでは，この「独立性」が担保されなくなってしまう可能性があるため，監査法人にとっても困ってしまうわけです。通常の場合，お茶をいただいて，「独立性」を害してしまうことは考えられませんし，割り勘で食事をご一緒しても同様です。お茶，食事を出すべきかどうか，という点はこのベーシックな原理原則から考えていただければ間違いはないと思います。

　過去，監査法人の大先生は監査クライアントに接待されるのが当然，という時代が長く続きました。接待そのものがあまり行われなくなった現在，ピンとこないかもしれませんが，そもそも接待は将来あるいは現在，お金を払ってくださるお客さまに対して飲食などの提供することによって，商売がうまく回るように便宜を図ってもらうことを意図しているものです。

　言うまでもないことですが，監査契約におけるお客様は企業であり，お金を

監査法人に対して支払っていただけるわけです。もし，接待をするならば，お客さまである企業に対して監査法人がすべきものです。

　しかし，過去はお金をいただいている監査法人が，お客さまである企業から接待を受けていました。それに対する便宜とは，最悪の場合，企業にとって不利な処理を少しでも目こぼししてほしい，ということであったり，厳しいことをいわないでほしいなどにあったはずです。中には昼食からアルコールを出し，午後の監査を酔っ払った状態でしていた，という話さえ聞いたことがあります。

　こんな異常な状態は長くは続きません。日本でも監査に問題のあった企業の破綻や，それに関与した監査法人が破綻したりする異常な事件がありました。米国でもエンロン事件がきっかけとなり，そもそもの原理原則である「独立性」を異常なまでに気にする妙な雰囲気ができてしまったのです。読者の皆様はその背景を理解し，原理原則に則って行動すれば「独立性」は決して恐いものではありません。

　先に，監査法人とクライアントの食事は割り勘であれば問題がないと申し上げましたが，それでもクライアントとの飲食は原則禁止，としている監査法人がなかにはあります。これは外観的独立性が原因です。

　外観的独立性とは，実質的にはクライアントから便宜を図られたりしているわけではなく，実質的な独立性は保たれているが，第三者から見られたときに独立性が確保されていないと見なされる可能性があるのであれば大事をとってやめておこう，という考え方です。

　ある程度節度をもった範囲であれば，この外観的独立性は問題ないのですが，これを過度に気にしすぎる監査法人は少なくありません。

　大切なことは監査法人が誰かから疑われるリスクを軽減することではなく，独立した第三者としての立場からしっかりと監査を実施することです。そして，その本来の目的を果たすべく，お互いのコミュニケーションをしっかりとるための会食の場を割り勘で設けることに本質的な問題は一切ありません。監査法人も単に決められたことを守るだけではなく，なぜそういうルールがあるのかをしっかりと考え，必要に応じてルールを変更することも必要になっているのではないでしょうか。

■ 税務署との違い

　よくご質問いただくのが，税務署との違いです。監査法人と税務署は全然違うのです。図表7－1をご覧ください。

図表7－1　監査法人と税務署の違い

	目　的	特にチェックされる点	対　象
監査法人	クライアントの決算書が適正な経営成績，財政状態を示しているかをチェックする	通常，企業は自社の業績をよく見せたいため，売上の過大計上，費用の過小計上などを特に注意してチェックする。	法律で定められているのは，上場会社と会社法上の大会社（資本金5億円以上もしくは負債総額200億円以上の企業）など
税務署	税法に基づき，適正な所得が計算され，納税がされているかどうかをチェックする	企業は多くの場合，税金を少しでも払いたくないと考えるので，売上や利益の過小計上，費用の過大計上などに特に注意してチェックする。	すべての企業。ただし，税務調査は毎年，すべての企業を対象とすることはできないため，規模の大きい企業や利益を多額に出している企業などを中心に実施される。

　普段，監査や税務調査に馴染みのない方には，監査法人と税務署，そして彼らの実施する会計監査や税務調査は似たようなものと思われていることが多いようです。

　しかし，両者は図表7－1のとおり，そもそもの目的が全く違いますので，特にチェックされるポイントも全然違います。簡単にいってしまうと監査法人は企業業績をよく見せるために，企業がやってしまいがちな，売上の過大計上や先取計上，費用の過小計上や翌期以降への先送り計上などをさせないようなチェックを中心にします。一方で，税務署は脱税をさせないように売上や所得を隠したりすることがないような点を重点的にチェックします。

　このような違いはそれぞれのチェック対象の違いによるものが大きいといえ

ます。税務署はすべての会社，個人を調査の対象にします。会社や個人は税金を少しでも払いたくない，ということが多いので，税務調査では売上の計上漏れや費用の過小計上などはかなり厳しくチェックされます。一方で銀行からの融資のために，どうしても赤字を避けたく，実際には存在しない利益をあったかのように決算を行う，いわゆる粉飾決算をする企業も多いのが実情です。この場合には，一般的に税務署はあまり厳しいチェックをしません。なぜならば，粉飾決算の結果利益が実態より増えても，税務署としては税金を多く払ってもらえるだけで損がないため，問題視されないのです。

　一方で，監査法人は上場企業を中心とした企業を対象にしており，株主や投資家に向けて少しでも業績をよく見せたいというインセンティブが働きがちな企業に対して，適正な財務報告を促すという点で税務署とは全く違う目的を持っているわけです。

　よって，税務調査で全く問題なかったので，会計監査も問題なく済むということもありませんし，逆に会計監査が問題なく済んだので，税務調査も問題ない，というわけにはいかない点には注意が必要です。

　税務署が会社に訪れるのは，税務調査のときですので，これは相当な緊張感があります。税務署がミスを見つければ，多くの場合，それは税金を余計に払わないといけないわけです。そのため，会社と税務署は言ってみれば敵対関係にあり，税務のプロである税務署と税務ではアマチュアの会社の経営者や経理担当者ではアンフェアなので，会社をサポートするために税理士という制度があると思っていただいてよいと思います。

　税務署にとっては，税金を余計にとるか，とらないかというお金に直接かかわる業務のため，先に述べた食事の提供などにはシビアです。お茶くらいは多くの税務所職員は飲むと思いますが，食事の提供は拒否されます。

　監査法人も，会社のミスをみつければ修正をしていただくわけですが，それで税金をとったりするわけではありません。監査法人にウソをついてみても，長い目でみればわかってしまいます。敵ではなく，仲間だと思って本当のことを話し，相談してください。それを私たち監査法人も望んでいます。

■ 会計処理や仕訳そのもの，注記の作成を監査法人に 依頼できるのか

　エンロン事件の前までは，上場準備の会社では，決算整理仕訳を監査法人が起票する，連結財務諸表や注記を監査法人が作成するなどといったことは通常に行われていました。もちろん，監査法人内で作成チームと監査チームを明確に分けるなどして，自主監査にならないよう，ミスが起きないように注意はしていました。しかし，エンロン事件以降は，「独立性」に配慮し，会計処理や仕訳のそのものの起票，注記の作成を監査法人が自ら作成する，ということはなくなりました。

　その結果，クライアントと監査法人との間のコミュニケーションが悪くなってきているという現象がよくみられます。

　ありがちなケースが，会計処理についての相談の場面です。新しい会計基準を適用する場合や会計方針の変更をするような場合，まずは監査法人へ相談するはずです。しかし，わが社は今後どうしたらよいでしょうか？　という質問に対する監査法人の回答は決まって「まず，自社で検討してください。御社の決定を踏まえて監査法人では検討します」となるはずです。企業側では何から手を付けてよいかわからないから監査法人へ相談しているわけで，まずは自分で考えてください，というだけではクライアントも浮かばれません。

　クライアントから質問・相談があった場合，「まずは自社で考えてください」と回答するのは独立性を確保するためには間違ってはいません。しかし，この方法を採り続けてきた結果，大きな問題が生じてきています。かつて，監査法人が決算整理仕訳を起票したり，開示書類を作ったりすることは普通でした。その結果，監査法人の職員は監査だけではなく，経理実務の経験をもっているのが普通だったのです。

　これはよく考えてみると当然で，会計監査とは依頼主が作成する決算書が適正に作成されているかどうかチェックするものです。決算書を作った経験がない者だらけで監査が実施されているとすれば，野球の経験がない人たちがプロ野球チームのコーチや監督をしているようなものです。

　実は，「まずは自社で考えてください」という対応がこのような実態を引き起こしてしまっています。現場責任者である主査，主任，インチャージと呼ばれる多くの人がこういった経験なしに監査をするというのが，現状です。「まずは自社で考えてください」実務が，会計士をダメにしてしまったのです。

■ 研修の実施を監査法人に頼めるか？ どうやって相談すべきか

　これまで，監査法人に会計方針の変更や会計基準の変更時など，本来であれば自社をよく知っているはずの監査法人に相談にのってもらうのが一番ですが，これがなかなか難しいという現状を述べてきました。それでは，せめて会計基準についての研修や，一般的な会計方針の変更についての考え方についてのセミナー，研修を監査法人に依頼ができるのでしょうか？

　これは全く問題なく，依頼できます。本章で繰り返し説明をしているとおり，監査法人が気にしているのは「独立性」です。具体的にいうと，たとえばクライアントが倒産し，後に監査人の責任が問われるような事態が万一起きてしまったときに，「独立性を害していた」ことが決して明らかになってはいけないのです。

　このようなケースで独立性を害すると疑われる可能性があるのは，会計処理や会計方針の変更を監査人主導で決めた，と疑われるような場合です。単純に研修やセミナーをするだけでは，会計処理や会計方針の変更を監査人主導で決めた，と疑われるようなことはないので，これは問題ありません。

　しかし，高いお金を払っているのにこれだけでは不十分です。そこで，以下のような流れで監査法人へ相談することをおすすめします。

図表7-2　監査法人への正しい相談の仕方

---

① 自社内で学習

・自社で何の学習もせずに監査法人に相談しても，独立性の問題だけでなく，監査法人で作業工数がかかってしまいますので，そうそう主体的に動いてもらえません。また，監査法人がクライアントに対して理不尽な要求をしているとしても，反論すらできません。まずは関連基準の学習を社内でしてください。

---

② 一般論としてまず相談する

・次に重要なことは，いきなり個別具体的な皆さんの会社の会計処理について，監査法人に相談しないことです。個別的な相談となると監査法人が「独立性」に違反するリスクを急に考え出します。自社で学習した解釈が間違っていないことを確かめれば十分です。

---

③ 一般論としてのメリット・デメリットを書面でまとめる

・一般論としての代替案のメリット・デメリットを口頭でなく，書面でまとめます。このとき，②で記述したように個別具体的処理，特に数値を記載する必要はありません。あくまでも考え方に間違いがないことを確かめることが大切です。

・もう1点，重要なことは，決算確定後確定数値さえ入れれば，会計処理ができる状態にまで書面でまとめておくことです。

---

④ 監査法人に意見を聞く

・③で作成した資料をベースに監査法人に書面で意見を聞いてください。できれば書面での回答を依頼したいところですが，多くの監査法人は極めて保守的で書面での回答をしない傾向にありますので，あまり書面がでないことにこだわりすぎないでください。

---

⑤ ④をベースに具体的な数値を含めて社内で意思決定

・④で理屈の上では監査法人と合意していますので，具体的な数値を含め，社内でどんな会計処理をすべきか，会計方針を採用すべきか，意思決定をします。もちろん，このプロセスは文書化するとともに，少なくとも経営会議レベルでの決裁をとっておくことが重要です。このことにより，監査法人に会計処理について，検討，意思決定をしたのはあくまでも会社であり，監査法人が独立性を犯したことはない，というエクスキューズを与え，彼らを安心させることができます。

---

⑥ 監査法人に報告

・上記の結果を監査法人に報告し，合意をとります。

　ここでポイントとなるのは監査法人に決してどの方法を採用すべきか，決めて欲しいという視点で相談をしないことです。

■ 二重責任の原則が都合のよいように使われている

　会計方針の採用や会計処理などの決定を含む，財務諸表の作成責任は企業にあり，監査法人は企業が作成した財務諸表が適正なものがどうかを証明する保証責任を有する，というスタンスを二重責任の原則といいます。

　この二重責任の原則を徹底するのが，監査法人にとっての「独立性」を守り，自身の身を守るために必要なことなのです。したがって，会計方針の変更や，決算作業を実施する際には彼らの立場を理解し，彼らの手を煩わせないのが，監査対応を効率化するための最善策です。

　しかし，本当にそれでよいのか？　という疑問を私は持っています。監査法人は会計，監査のプロです。そのプロが実際には決算業務をやったことがない。お客様であるクライアントからの質問には自分で考えてからでないと何も口出しができません，と繰り返すのみという場面が多く見られる実務です。これがビジネスといえるのか，サービスといえるのか，大きな疑問が残ります。

　確かにエンロン事件は監査法人の業界に大きなインパクトを残しました。日本でも最大手の1つの朝日監査法人がなくなり，グローバルレベルでは，アーサーアンダーセンがなくなりました。そのような事件を起こさないためにも「二重責任の原則」を徹底し，「独立性」を犯すことのないような体制を作り上げてきました。しかし，それが結果として，クライアントに対するサービスレベルの低下につながっています。この状態はコスト的にいうと監査法人にとっては悪い状況ではないのです。クライアントからの会計処理の相談対応は実は工数がかかり，採算的にはよくない業務でした。クライアントからの相談は本や会計基準を調べればすぐわかることは少なく，一定上の知識と経験のある会計士が時間をかけて対応していかざるを得ません。これをいったんクライアントに作業をしてもらえれば，監査法人にとってのコスト負担が軽くなるうえに，再三ご説明しているとおり，「独立性」を犯す可能性が低くなるわけですから，

監査法人にとっては願ったりかなったり，というのが現状です。

　しかし，会計処理に関するクライアントからの相談は，実は会計士として最も力を発揮でき，顧客との信頼関係を構築し，また経験を蓄積できる場面なのです。私もかつてこういった場面で，非常に貴重な経験を積むことができました。それに気づいている会計士も少なくなく，監査法人の方針にかかわらず，自分のためクライアントのために尽力する方も実際にいらっしゃいます。しかし，人件費などのコントロールが厳しくなっている監査法人では，なかなか思ったように業務ができません。残業手当をつけずに自主的に取り組めるかというと，これまた難しい環境です。

　こうした矛盾が起きている原因は，監査法人全体がサラリーマン化していることでしょう。そもそも監査法人は無限連帯責任を有するパートナーが5人以上で作る法人でした。したがって，監査法人はサラリーマンのものではなく，非常に大きなリスクを受け止め，プロフェッショナルとして全力で業務にあたることを前提として作られたものです。現在のような大規模化し，有限責任化してしまった監査法人とはそもそもの性質が違っていました。したがって，そんな過去のよい部分を現在に活かすため，私たちは小規模のパートナーで構成され，パートナーとメンバーがプロとしてクライアントと仕事をさせていただくことのできる専門店監査法人として，アルテ監査法人を立ち上げ，ここに至っています。

　一方で，大手の監査法人は当然必要です。全世界でビジネスを展開し，拠点を持つグローバル企業はそれと同等以上のグローバルネットワークを持つ大手の監査法人が担当せざるを得ません。しかし，そんな企業はごくわずかです。専門店監査法人の需要はまだまだあるはずですし，そういうプロとしての監査業務をしたい会計士もたくさんいます。

■ 監査法人と結局，どう付き合うべきか？

　短期的な視点からは，監査法人の事情を理解し，彼らに頼らず，自社内で学習し，考え，監査対応できる資料を作成し，準備万端にしておけば監査対応は

効率化され，結果として決算早期化や監査コストの削減につながっていくはずです。しかし，それが本当にプロである監査法人との付き合い方なのかというと大きなクエスチョンマークがつきます。

　中長期的には，ブランドではなく誰と付き合うかを重視して監査法人を選ぶべきでしょう。もちろんその中には同じ監査法人の中で，担当者の変更を依頼するという選択肢も当然に含まれます。

■ 監査法人をどうやって選ぶのか

　監査法人の選択は難しい問題です。多くの場合，「名前」で選ばれていると思います。「EY新日本」「あずさ」「トーマツ」「PwCあらた」に加え，「太陽」「三優」「仰星」「東陽」などの中堅監査法人の名前はお聞きになったことがあるでしょう。

　企業担当者の立場からすると名前で選ぶことは，やむを得ない部分があると思います。万一，監査法人に問題があった場合に，「大手」に依頼していれば，経理担当者の責任は問われないでしょう。かつてみすず監査法人（旧中央青山監査法人）が破綻した際もそうでした。しかし，本当にそれだけで十分なのでしょうか。監査法人の中も先に述べたようにいろいろな問題を抱えているのです。また，表向きにはしていませんが，それぞれの監査法人の得意不得意分野もあります。また，何よりも，同じ監査法人に同じ人材は2人といません。一番大切なことはどの監査法人かというよりは，誰が担当か，という点です。

　もちろん，中小規模の監査法人はその財務体質など不安な面もあるはずです。しかし，それは大手も同様で，どの監査法人も盤石な経営，財務体質ではありません。またこの20年間くらいでも多くの監査法人が合従連衡し，一方で破綻した大手監査法人もあります。どの監査法人に頼んでいけば安心，と断言できる状況には徐々になくなってきているのではないでしょうか。

　現状ではブランドを頼りに監査法人を選ばざるをえないケースが多いでしょうが，将来的には「誰が」監査をするのか，という視点で選択されるようになることを期待しています。

■ 大手監査法人の変化と市場の動向

　2020年に世界を襲った新型コロナウィルスの影響で，監査法人も在宅勤務がかなり浸透しました。今後，被監査会社への訪問がなくなるわけではないと思いますが，在宅で可能なことは在宅で，ビデオ会議も有効に活用しながらの作業が増えてくることは間違いないでしょう。

　また大手監査法人が新規上場に向けての監査契約を控えるなどの動きが出てきました。表向きには海外提携先からの要望，というような報道もあります。実際は「採算が悪い」業務の整理をしていく，ということだと見ています。既述のとおり，大手監査法人を中心に，二重責任の原則を過度に気にしていることもこの流れが加速する原因でしょう。新規上場監査の場合には，監査法人にコンサルティング的な内容を含む指導的機能の発揮が求められているからです。あまりサービスを良くしすぎると，会計監査の原理原則である二重責任の原則に反してしまうのではないか，というリスク面に十分な注意を払う必要がある一方，大手監査法人としては，それほど多額の報酬を請求することもできないという状態がすでに起きているのです。

　今後は，新規上場準備の監査業務だけでなく，上場会社や国立大学法人など，大手，準大手監査法人が寡占化してきた市場も細分化していくことが想定されます。

■ AI等の技術が会計監査対応に与える影響と監査法人との付き合い方の変化

　被監査会社による財務諸表の作成責任があり，それに対して独立した立場から会計監査人が監査を行うという二重責任の原則が会計監査の大前提です。そのため，AI等の技術が会計監査対応に与える影響を考える上で，まずは会計業務がどのように変わってくるか，それを受けて監査にどのような影響を与えるかを考え，そしてその監査にどのように被監査会社が対応する必要があるかを検討する必要があります。

　AIの発展により，会計業務はどのように変化していくのでしょうか。会計システムがクラウド化し，CRMなどの上流システムと会計システムがクラウド上でシームレスに繋がっていきます。これまでの会計業務では入力業務が中心でしたが，今後，業務の仕組み作りとデータマネジメントが中心になってくるでしょう。上流のシステムから会計システムに流れてくる情報について，どのタイミングでどの情報を流すかを決め，流れてきた情報が正しいかどうかをチェックする，また，上流のシステムや業務フローが変わればそれに応じてメンテナンスを行う，といった業務内容になり，会計業務を担う人材にはそうした能力が求められてくるはずです。

　そして，蓄積されたデータを活用し，経営の意思決定に役立てるBI（Business Intelligence）や，自動的な判断・処理を可能とするAIの活用が可能になってくるはずです。これらのデータはクラウド上で活用可能なため，必要に応じて適時共有が可能となり，経営へのフィードバックも今までよりタイムリーに行われるようになるでしょう。

　こうした会計業務の変化は，会社の内部統制にも影響を与えます。会計業務の一部が自動化されることによって，自動化された結果が正しいかどうかを確認する内部統制が必要になります。具体的には，設計に問題ないか，その後変更されていないか，変更されている場合は変更までの手順は適切かが問われます。また自動化された結果について人によるチェックも必要になってきます。利用しているシステム自体の有効性について確認する必要も出てきます。例えば，クラウドの会計システムを利用している場合は，その会計システムのベンダーにおける内部統制が有効かどうかを評価する必要性が出てきます。被監査会社ではそれに対応した準備が必要になります。特にドキュメンテーション，文書化の重要性はこれまで以上に高まってくるはずです。被監査会社でも仕様書と納品物のチェック，テストラン，検証，検収完了のジャッジなどを自社で完結することはさらに重要になってくるはずです。

　これらの変化に対応して，監査業務はそれらのデータを活用した監査へと変

わってくると思われます。もともとデータを活用した監査は行ってきていましたが，そのデータ量や範囲，またデータの取得方法や入手のタイミングが変わってくることによって，データをより活用した監査に移行してくると思われます。日次でデータの取得が可能となれば，継続的監査も可能になり，AIによって不正の兆候をタイムリーに把握することができます。大手監査法人はすでに自社で開発した分析ツールを利用して次世代の監査への対応を行っています。ただし，あくまでAIは監査の補完機能としての役割に過ぎず，最終的な判断は監査人が行うことになることに変わらないことに留意が必要です。

　会計監査対応においては，引き続き事前の分析などの準備が重要ですが，その分析以前の問題として，上述の通り会計システムに登録された内容が正しいかどうかの確認が非常に重要になってきます。これまでの会計業務においては，システム間に人手の介在が多かったため，最初の段階でミスがあったとしても途中で補正されるタイミングが何段階かありました。しかし，システムがシームレスに繋がり，最初の入力内容がそのまま会計システムに流れてくる状況になると，途中で人によって補正されるタイミングがなくなり，ミスが起こった時の影響がより大きくなる可能性があります。したがって，会計業務におけるシステムマネジメント，データマネジメント，つまりそのシステムをどう有効に稼働させるかを管理することが重要になってきて，それが今後の会計業務の中心になることは上述した通りです。そして，監査業務だけではなく，この会計業務におけるマネジメントにおいてもAI等の活用の余地があります。より一層IT統制の重要性が高まってくるはずです。

　具体的には，最初の入力内容によって計上された「仕訳」と入力結果が反映される「試算表」について，データを活用した確認作業を行います。なお，確認する内容については従来までと変わりません。「仕訳」については，例えば，勘定科目や税区分が正しいか，補助科目の登録漏れがないか，などを確認します。また，「試算表」については，例えば，マイナス残高がないか，また，増減分析や比率分析を行うことで勘定科目間や事業内容と数字の整合性が取れているかを俯瞰的に確認します。従来までと異なる点は，これらの確認について

もAI等の技術を活用することが可能です。

「仕訳」の確認については，計上された仕訳について，あるべき姿になっているかどうかのチェックポイントがいくつかあると思います。例えば，税区分や補助科目などは勘定科目によってある程度パターン化されてくるので，そういった仕訳についてはチェックポイントを事前にシステムに設定し，あとは仕訳が計上された都度自動でチェックを行うことになります。

たとえば，「試算表」の確認については，マイナス残高がないかどうかを自動で確認し，また，四半期ごとや月次推移による増減分析，また，非財務情報も含めた比率分析についての加工を自動で行います。その後はマニュアルで，事業内容に照らして異常な増減がないか，説明できない増減がないかを確認し，文書化し，必要に応じて登録内容を修正するなどの方法が考えられるでしょう。

会計監査としては，その自動化された業務が適正に整備・運用されていることを確かめる必要があります。先にも述べたとおり，被監査会社において自社でIT統制の整備・運用状況を確認し，文書化しておくことがこれまで以上に重要になってくるはずです。

これらのマネジメントを行うことで，会計システムへの登録内容が整備され，分析のための下準備が整い，データ活用を前提とした監査のための準備も整います。また，このマネジメントの一環として増減分析や比率分析を行うことで，その分析結果はそのまま監査資料として利用できます。

次世代の会計監査対応においては，会計業務への対応，関連した内部統制への対応をしっかり行うことが重要で，その結果として監査への対応も行われることになり，効率的な監査が実現できることになります。

次世代の監査対応ツールとしては，クラウド会計のfreeeがAPIを公開しており，入力内容の確認や，監査対応のためのデータ加工を行うことができるようになっています。クラウド会計の発展とともにこうした監査対応支援ツールも発展をしていくと思いますので，随時情報をとっておく必要があるでしょう。

　しかし，AIを利用した監査や監査対応はプロセスであって，最終的には，電子マネー，債権債務管理，在庫管理などが自働化され，現物とデータが一致していることは随時照合され，人の手を介さずに自動的に会計情報が生成され，税務申告も自働化されることになるのではないかと考えています。そうなると人の手を介するのは会計上の見積もりくらいとなり，より高度な判断が必要になる一方，人海戦術的な監査業務，監査対応は徐々になくなっていくのではないかと考えています。私達は今のうちから，それに備えておかなければなりません。

第**8**章

監査に向けた準備の進め方

■ 監査に向けた準備

　決算仕訳をすべて入れたら，とりあえず決算作業が終わりと思っていらっしゃる方もいるのではないでしょうか。

　よくあるケースでは，あらかじめ社内スケジュールや監査スケジュールを調整したうえで決算締め日を設定し，その直前にギリギリ決算が締まるというものです。何か不測の事態があれば決算締め日に間に合いませんし，慌てて決算作業をするために後で数字が変わることも多くあります。監査修正となることもあるでしょう。

　後でミスが見つかって，試算表が変わるなどといったやり取りで監査対応をやると，手戻りが多くなります。一度作成した資料を修正したり，監査が延びたり，ロスが多くなります。余裕をもってスケジュールを組み，事前に監査の準備をすることで，結果として，監査効率化・決算早期化に繋がるのです。無理やり監査スケジュールを早めることが決算早期化には繋がりません。

　監査対応の準備をするには，監査でどのようなことをやるのかをもう少し知っておく必要があります。

図表8-1　監査に向けた準備のイメージ

（監査に向けた準備がない）

（監査に向けた準備がある）

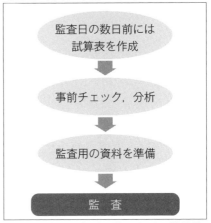

監査対応，監査修正が多くなり，余計に時間がかかる。

スムーズな監査が可能となり，結果的に時間は短縮。

　決算監査では貸借対照表（以下「B/S」）残高を固めることが中心となります。B/Sに計上されているストック（残っているもの）を確かめるほうが，損益計算書（以下「P/L」）に計上されている売上などのフローを確かめるよりも圧倒的に負担が少ないからです。

　これは被監査会社側も同じでしょう。棚卸で在庫を確定させたり，売掛金を締めたり，B/S項目を確定させなければ，決算が固まりませんから，自然にB/S残高をおさえているはずです。

　監査ではB/S残高が正しいことをまず立証し，P/Lは分析やサンプリングによる監査手続で正しいことを立証します。P/Lの問題はB/Sに必ず現れます。たとえば，**図表8-2**のように粉飾決算をすれば，必ずB/Sに矛盾が生じることとなります。

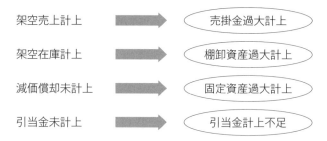

図表8−2　P／Lの粉飾とB／Sの関係

架空売上計上	➡	売掛金過大計上
架空在庫計上	➡	棚卸資産過大計上
減価償却未計上	➡	固定資産過大計上
引当金未計上	➡	引当金計上不足

図表8−3　主なB／S勘定科目と監査上のポイント

勘定科目	監査上のポイント
現金預金	基本に忠実に残高証明で固める
売上債権	残高確認，滞留債権のチェック
棚卸資産	棚卸の結果報告書，帳簿残と実際在高の差異調整時価との比較，滞留在庫の有無，収益性の低下
固定資産	新規取得取引，除却売却取引の計上の正確性，計上漏れの有無 減価償却，減損，資産除去債務
投資勘定	時価評価，減損
繰延税金資産	スケジューリング
仕入債務	残高確認，計上漏れの有無
借入金	残高確認，簿外負債
引当金	会計上の見積もり（計算方法，計算根拠）
純資産	企業再編などP／Lを通さない剰余金の増減

　したがって，先にB／S残高を固めるということは十分合理性があります。

　なお，主なB／S科目と監査上のポイントは図表8−3のとおりとなります。

　B／S残高が固まれば，損益が確定します。これを前提とするとP／Lは内訳の問題となります。P／Lの検証のため，監査人は分析的手続とサンプリングによる取引の検証を行います。

　ここでは，経理部には馴染みの薄いと思われる分析を理解し，それに対応する準備を説明します。

■ 分析的手続とは

　分析的手続は，監査人が会社の財務情報を評価するため，財務データ間または財務データと非財務データの間にあると見られる関係を推定し，分析・検討する手法のことをいいます。

　監査の現場でまず実施するのがこの分析的手続で，必ず行います。分析した結果，詳細に確認すべき事項をピックアップして，被監査会社に質問したり資料を依頼したりするのです。

　決算監査で，監査法人が初日・2日目は会議室に閉じこもって出てこない，ということはないでしょうか。彼らはこの間，分析資料を作っているのです。財務諸表全体や勘定科目別に分析を行い，これまで聞いていた話との整合性や用意されていた資料などを当てはめていきます。その時点で説明が十分でなければ，会社に追加で質問をしたり，資料を依頼したりします。

　監査人が実施する分析の方法は次のとおりです。

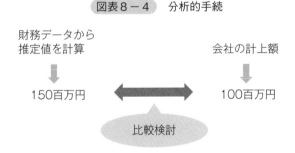

図表8－4　分析的手続

財務データから
推定値を計算

会社の計上額

150百万円

100百万円

比較検討

①	比較可能な過年度情報との比較
②	予算や見込みなどの企業の業績予想または減価償却の見積りなどの監査人の推定との比較
③	業界情報（たとえば，企業の売掛金回転率についての業界分析，または同程度の規模の同業他社）との比較
④	企業の実績が示すパターンに基づいていて値の推定が可能な財務情報の要素間の関係の検討
⑤	財務情報と関連する非財務情報との関係

　監査人はこれらの方法で分析的手続を行い，分析結果に異常点があれば詳細な手続を行い，異常点がなければ簡易な手続を実施します。

　被監査会社側は，監査人の分析の結果を受けて質問に回答したり，資料を準備したりするというのが監査の流れなのです。

　しかし，この流れでは，被監査会社は監査人に対して常に受け身となってしまいます。そして，監査人と被監査会社とのキャッチボールの間に多くの手待ち時間が生じてしまうこととなり，監査対応の不効率ともなるのです。ちょうど図表8－6のようなイメージです。

図表8－5　監査法人が行う分析

図表8－6　監査人と被監査会社とのキャッチボール

　ここまで極端にはならないにしても，これでは効率的な監査とはとても言えません。無駄な時間はできるだけ短縮することを図るべきでしょう。

　そのとき，監査人が必ず実施するのが分析的手続なので，会社で事前に実施し答えを事前に用意しておくことが，圧倒的に監査の効率化に繋がります。

　これをここでは「監査対応のための分析」ということとします。

　監査において聞かれるポイントも，毎回大きく変わらないはずです。監査で聞かれたことを翌年の監査対応のための分析に繋げることでより精度を向上させることができることとなります。

　ここでは監査人が行う主な分析的手続を理解し，監査の効率化に活かすにはどうすればよいかを考えていきます。

■ 監査対応のための分析を実施する

　経理部の仕事はたくさんありますが，決算時の仕事のゴールは，正確な決算を早期に確定させることです。決算を組むだけでは足りません。「正確」であることが必要です。決算が正確かどうかをチェックするアプローチは次の2つが考えられます。

---

　①　分析を中心とした，上から全体を見下ろすようなチェック
　　　（分析テスト）
　②　証拠資料を1つひとつチェックするような積み上げ的なチェック
　　　（詳細テスト）

　どちらも重要なアプローチで，チェックする場面によって使い分ける必要があるでしょう。しかし，決算の限られた時間の中で，四半期・1年間という期間中に行われた取引について，証拠資料を1つひとつチェックしていくことは現実的には不可能です。よって，決算が大きく間違っていないことを確かめるアプローチとしては①分析テストが中心となります。

　これまで，②詳細テストが大事であると考えていた方も多いでしょう。しかし，決算時に中心となるのは①分析テストなのです。

　もちろん分析では異常があることは掴めても正確な答えはでてきません。分

析テストで異常点を把握して，把握された異常点に対して詳細テストで詳細な確認を行う，ということとなります。

　繰り返しになりますが，①分析テストが中心で，②詳細テストで補完するのです。

　決算時の仕事のゴールが正確な決算を早期に確定させることなのは，監査人も同様です。そのため，監査人も分析をまず行うのです。

　監査の効率化だけでなく，経理部門主体で正確な決算を行うためにもとても大事な手続なのです。もし，これまでに「分析」にしっかりと取り組んでいない，ということでしたら，この章はじっくりと読み込んでいただきたいと思います。

■ 経営分析と監査対応のための分析の違い

　経理部門でもすでに分析はいろいろな場面でされているでしょう。当然，決算短信や有価証券報告書に経営分析などを記載しなければなりませんし，月次決算や決算の報告を取締役会にするときにも経理部門としての分析結果を用意していることでしょう。しかし，社内での業績分析は，基本は良かった悪かったという結果を見て今後の対策を立てるため，また経営判断してもらうための分析です。

　これに対して，監査対応のための分析は，財務諸表が正しいかどうかを確かめるための分析です。

　予算実績分析（予実分析）は，経営分析では有用ですが，監査対応のための分析としてはそれほど有用とはいえません。なぜなら，予実分析で分析の対象となる予算が極めて高い精度で作成されていなければ，予実を比較しても財務諸表が正しいという結論が得られないからです。予算は努力目標的な指標になりがちです。そのような予算との差異をいくら分析したとしても実績額が妥当であるという確証がとれることはありません。

　ただし，あくまでも決算書のチェックという観点から，あまり有用でないとしているだけの話であって，経営管理の観点からは適時に経営実績を把握し，

これと予算との比較分析をしたうえで，適切な対策を打っていくという姿勢が非常に重要であることは言うまでもありません。

■ 監査人が行う分析の方法

(1)　前期比較分析

分析というと難しく聞こえるかもしれませんが，基本となるのは前期との比較分析ですので，それほど難しいことではありません。

前期の会計数値は監査を受けて適正意見を出しているという前提があります。それと当期の会計数値を比較して，一年間のビジネスの動きと整合しているかどうか，というのが基本的な前期比較分析の考え方です。

会計数値というのは，実際のビジネスを数字にしているものです。その数字の動きは実際のビジネスで必ず説明が付くはずです。よって，基本は前期と比較して増減を説明できない場合は，当期の数値が間違っている可能性があります。増減理由をしっかりと説明できない場合はミスを疑ってください。

それでも説明が付かない場合は，前期数値が間違っていることもありえます。どうしても解が出ない場合は，前期を疑ってみてもいいでしょう。

比較増減分析は，B/S・P/Lレベルで行う比較増減分析と勘定科目レベルでの比較増減分析があります。

①　B/S・P/Lレベルでの比較増減分析

B/S・P/Lレベルでの比較増減分析は，監査のポイントをつかむために行います。

たとえば，固定資産が大幅に増加していて新規の設備投資を行ったという情報を事前に持っていれば，固定資産の取得の仕訳に誤りがないか，旧設備の除却漏れがないかについてが今回の監査で特に留意しないといけない事項となります。よって，はじめからそれをチェックしようということになります。仕掛品が大きく増加しているのであれば，滞留在庫が発生していないか念入りにチェックしようと監査人は考えます。

　ほかにも，売上が増えているのに配送費が減っている，業績がよくなっているのに賞与引当金繰入額が減っている，など監査人の経験を駆使して，監査のポイントにあたりをつけるために行うのです。

　監査人は業界の情報が頭に入っています。少なくとも製品別，事業別，所在地別などで業界の情報をベースに分析を行い，監査人として推定値を持ちます。会社としては，業界水準とどう違うのかなどの観点からも説明することができるようにしておかなければなりません。

　これを逆に考えると，会社で事前にこの分析をやっておけば，監査人があたりをつける部分が前もってわかる，ということなのです。

②　勘定科目レベルでの比較増減分析

　勘定科目レベルでの比較増減分析は，各勘定科目の相手先別，内訳別に前期比較を行います。

　売掛金であれば，まずはどの取引先との取引額が増えた・減ったという売掛金全体の増減の話になります。したがって取引先ごとの売掛金の残高を並べ，取引先ごとの増減の理由をきちんと把握しておきます。通常は大なり小なりの増減があって当然ですから，すべての取引先について増減理由を把握しておく必要はありません。「こんなに増えていて大丈夫かな？」と，経験的に腑に落ちないようなものがあれば，それについて理由を確認します。もしくは，前期との増減金額や増減率に基準を設けて，それを超えるものについて理由を確認してもよいでしょう。

　実際，これだけでミスや問題が見つかるものです。監査人が監査の現場に来て１日や２日そこそこでミスを見つける，というのはこの分析によるものが大きいのです。

　数字は嘘をつきません。分析をしても説明がつかないケースは，ほとんどの場合で何らかのミスがあります。

　売掛金を例にすると，売掛金が前期に比べて倍になっているケースでは，それをうまく説明できる理由はいくつかしか考えられません。具体的には，次の

4点にまとめられるでしょう。

- 売上が大きく増加した
- 売上が期末日付近に集中した
- 期末日が休日だった
- 取引サイトが変わった

これらを営業担当者に確認していずれも該当しないと返答された場合，増減について合理的な説明ができないということになります。そうすると，取引先に対する売掛金は何らかの問題を抱えている可能性が高いと言えるでしょう。入金されずに残っている売掛金があるのかもしれませんし，伝票が二重に計上されていたり，赤伝（返品等のマイナス伝票）の計上漏れがあったりするかもしれません。

このように，合理的な増減理由の説明がつかないものは，かなり多くの確率で何らかの問題があります。1つひとつの取引を追っていけば，このようなミスを発見するのには膨大な労力がかかりますし，発見できない可能性もあります。前期比較分析は何より大事なのです。

では，もう1つ，前払費用を例にとって比較増減分析の方法を紹介します（図表8－7参照）。

本社前払賃料には増減がありません。賃料に変更がなければ，特に問題はないといえます。

まず，大阪支店の前払賃料は前年の2倍になっています。ここで「2倍にな

図表8－7　前払費用の増減分析

	×1年度	×2年度	増減
本社前払賃料	5,000	5,000	0
大阪支店前払賃料	1,200	2,400	1,200
前払保険料	8,000	0	▲8,000
前払利息	1,800	1,800	0

るような事実はあっただろうか」という疑問を持たなければなりません。

　前年の前払費用の取崩しが漏れている可能性がありますので，詳細な検討を行います。詳細な検討を行った結果，賃借面積を増床していたなどの理由があれば，十分合理的なので問題ない，ということとなります。

　前年は計上されていた前払保険料が計上されていません。これも解約や保険期間満了の事実があれば問題ないのですが，もしかしたら，当期に支払った保険料の未経過部分を前払費用に計上することが漏れているのかもしれません。

　前払利息の金額は前年と変わっていません。これは増減がないから「問題ない」のではなく，１年前と利息の金額が１円も変わらない，ということは通常起こらないことですので，ここでも疑問を持たなければなりません。

　このほかにも，当期に別の場所に支店を出していれば，前払賃料が計上されていてもおかしくありません。

　このように単純に内訳別に前年と比較するだけで，わかることはたくさんあり，これだけでもたくさんのミスを防止できるのです。図表８－８をご覧ください。

　Ｐ／Ｌ項目はＢ／Ｓ項目と同様に前期比較をまず行います。Ｐ／Ｌ項目はすべての科目で内訳別の分析をするのは難しいでしょうから金額的に重要なものをピックアップして進めてもよいでしょう。前期と比較して大きく増減しているものについては理由を明らかにします。また，相関関係があると考えられる勘定科目間の計上額の関係が合理的かどうかについても確認します。

　たとえば，売上高が増加しているのに荷造運賃が減少していれば「おかしい」

図表８－８　　Ｂ／Ｓ項目の比較増減分析のポイント

- 前期と同額でないか
- 前期に計上されているのに当期に計上されていないものがないか
- 当期に新しく計上する必要があるものはないか
- 前期と比較して大きく増減しているものは理由が明らかか

ということになるでしょう。原因を確認した結果，売上高の増加は単価の上昇によるもので，出荷量は減少していた，ということがわかれば問題ないということとなります。そのほかにも給料と法定福利費の関係などが考えられます。

③　月次推移分析

　続いて，月次推移分析を行います。各勘定科目の月次推移で見ていきます。

　給料が多い月があったのであれば，その月だけ給料が増加する原因を考えます。残業が多かったということであれば，それを裏付けるために残業時間の月次推移まで確かめます。広告宣伝費が多い月があれば，総勘定元帳や請求書などの原始帳票を確認し，計上金額や費用の期間帰属に誤りがないかどうかを確認しておきます。そのようにスポットの経費が出るなどして費用が増えている月があれば，必ず監査人から原因を聞かれ，資料の確認が必要となりますから先に分析をしておくべきです。

　地代家賃など毎月ほぼ固定的に発生していないとおかしいものが減少している月があれば何か問題がありそうです。そういった観点で月次推移の分析を進めてください。

　そして，ここで確認した書類はすべて決算ファイルに綴じておきます。

(2)　オーバーオールテスト

　オーバーオールテストとは，たとえば，借入金残高と平均利率から支払利息の推定値を求めるといったように，財務数値と関連を有する数値を使って推定値を導き出し，推定値と実際数値を比較することで合理性を確かめるという分析です。

　たとえば，平均借入金残高と平均利率から支払利息の推定値を算出し，P／

図表8－9　支払利息のオーバーオールテスト

L計上額と比較します。推定値とP/L計上額が近似していれば特に問題がないという結論となります。監査人も詳細な説明を求めてくることもないでしょう。しかし，推定値とP/L計上額が近似していなければ，必ず監査人に説明を求められますので，事前に調べておかないければなりません。

　毎月大きな変動がなければ，月次の借入利率の平均残高や平均利率は比較的容易に入手できるでしょう。高い知識・経験がなくても数分間でできる作業です。こういったことの積み重ねで監査の準備をしておけば，圧倒的に監査対応は変わることとなるでしょう。

　不動産賃貸収入を計上している会社は賃貸収入の妥当性もオーバーオールテストで検証することができます（図表8－10）。

　さらに，固定資産の減価償却費のオーバーオールテストを説明しておきましょう（図表8－11）。

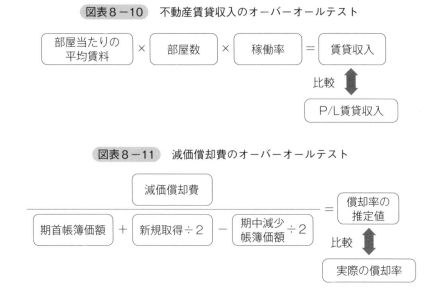

図表8－10　不動産賃貸収入のオーバーオールテスト

部屋当たりの平均賃料　×　部屋数　×　稼働率　＝　賃貸収入

比較

P/L賃貸収入

図表8－11　減価償却費のオーバーオールテスト

$$\frac{減価償却費}{期首帳簿価額 + 新規取得 \div 2 - 期中減少帳簿価額 \div 2} = 償却率の推定値$$

比較

実際の償却率

　定率法を前提としていますが，定額法でも同じような手続でテストできます。定額法の場合には，帳簿価額ではなく取得価額を用いることに注意が必要です。

　上の計算式では，分母を，期首帳簿価額に新規取得の2分の1を足し，期中減少の帳簿価額の2分の1を差し引いたものとしています。固定資産は期首にも期中にも期末にも増減しますから，これを期の真ん中で増減したものと考えて，新規取得も期中減少も2分の1としています。そして，実際の減価償却費を分子として，上記で算定した分母で除すことによって，償却率の推定値を算定します。

　この減価償却費のオーバーオールテストは，耐用年数が近いものごとに区分して実施する必要があります。固定資産全体で実施してしまうと，耐用年数が大幅に異なるものが一緒に計算されることになり，説明のつかない数値が算定されてしまう可能性が高くなるからです。

　そして，償却率の推定値と実際償却率との間に合理的な関係があれば，当期の減価償却費の計上額が概ね妥当であると判断することができます。これを減価償却費のオーバーオールテストといいます。

　オーバーオールテストの結果，推定される結論と財務諸表に計上された金額との間に矛盾が生じている場合には，財務諸表の計上金額に誤りがあるか，分析方法が妥当でない（より細分化したうえで分析する必要がある）かのどちらかとなります。

図表8−12　オーバーオールテストの流れ

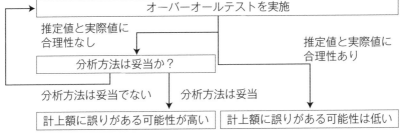

　減価償却費のオーバーオールテストで，償却率の推定値と実際償却率との間に合理的な関係がなかった場合には，分析方法で使っている期中の固定資産の増減の考え方が妥当かなどを検討します。

　図表8−11の計算式では，固定資産の増減はすべて期の真ん中にあったものとして計算をしていますので，仮に期首もしくは期末に大量の固定資産の増減がある場合には，計算結果に大きな影響があります。

　期首近くに大幅な増減があった場合には，新規取得や期中減少について2分の1にする必要はありません。また，期末近くに大幅な増減があった場合には，ほとんど減価償却費への影響がありませんので，増減を無視するか，たとえば1カ月分は減価償却を実施したという仮定のもとに，期末近くに増減したものについては2分の1ではなく12分の1とするなどして，再度オーバーオールレートを算定してみましょう。

　以上の計算をしてもまだ差異があり，さらにほかに心当たりがないとすると，減価償却計算が誤っている可能性がありますので，再度計算チェックをかけるようにしましょう。

　そのほかにも次のような場面でオーバーオールテストを行うことが有用です。

> 人員と平均給与　⇒給与
> 給与と社会保険料率　⇒法定福利費　など

(3)　基本的な財務分析

「なぜ，棚卸資産の回転期間が（長く）短くなっているのですか？」
「なぜ，売掛金の回転率が前期に比べて（良化）悪化しているのですか？」
「なぜ，原価率が○ポイントも（上がっている）下がっているのですか？」

　監査人からこのような質問を受けることはないでしょうか？
　これらも事前に財務分析をしていれば回答できるはずです。
　監査人は，基本的な財務分析を必ず行っています。そして，財務分析を行う

以上，前年と比べて大きな変動がある場合などはその原因を納得するまで確認せざるを得ないのです。大きな変動があるのに放っておくと，上司による監査調書レビューのときに叱責され，会社の立場からは「いまさら修正できません」と言いたくなるような規模の修正が起きてしまうこともありえます。

　こういった事象を未然に防ぐためにも，基本的な財務分析は経理部門でも行っておく必要があります。財務分析で数値が変動するのはさまざまな理由が考えられます。いずれにせよ，変動の理由が合理的に説明できない場合には，どこかに誤りがある可能性がありますので，納得がいくまでしっかりと確認しておきましょう。他部署に原因をヒアリングする際は，回答を鵜呑みにせず，懐疑心を持って納得がいくまで確認する必要があります。

　最低限として，棚卸資産の回転期間分析，売上債権の回転率分析，仕入債務の回転率分析，原価率分析程度はやっておきましょう。

⑷　連単倍率分析

　親会社の財務諸表と連結財務諸表の数字の倍率を出して，倍率が妥当かどうかを確認します。図表8－13のようなイメージです。

　当期に親会社や子会社に大きな変動がなければ，連単倍率は前期と近い数値になるはずです。大きな変動はないのに連単倍率が前期と大きく違っていれば，連結仕訳に誤りがある可能性があります。子会社の財務諸表に対するチェックが十分にできていないので，あれば問題は子会社にある可能性もあります。

　これだけで連結仕訳の誤りや子会社の抱える問題を発見できる可能性があるのです。

図表8−13　連単倍率分析

勘定科目	連結	単体	連単倍率
現金預金	6,000	4,000	1.5
受取手形	14,000	12,000	1.2
売掛金	23,000	19,000	1.2
たな卸資産	10,800	7,700	1.4
前払費用	3,200	2,800	1.1
繰延税金資産	9,000	8,000	1.1
売上高			
売上原価			
販管費			
給料手当	18,000	15,000	1.2

■ 前提数値を持つ

　分析というのは，監査を受ける場合でも社内で担当部署にヒアリングする場合であっても，聞いたことをまとめるだけでは不十分です。仮定数値，推定値，あるいは推測の答えを必ず持っておかなければなりません。

　あらかじめ持っている推測の答えと実際の数値とがなぜ違うのか，というところを突き詰めていくのです。それが監査対応の準備となりますし，社内できっちりと管理部門の責務を果たすというううえでも非常に重要になっています。

　順番としてはすでに説明したとおり，まずB/Sを固めてから，P/Lの分析をしていくことになります。そのP/Lの分析について大事なことは，人から聞いたことをまずまとめることです。そのまとめのうえに，自分なりの推定値を必ず持ちましょう。

　そのためには，相当の勉強をしておかないといけません。業界に関すること，社内に関することは当然として，周辺業務や日本経済全体，さらに世界経済についてもある程度知識が必要です。なぜなら，皆様の会社の米国の子会社であった場合，米国の景気の良し悪しや，業種ごとの強弱ぐらいはわかっていないと

推定値が持てないからです。大まかに判断できるだけの知識で十分です。「この業界の業績は通常は伸びるはずなのに，なぜうちだけ下がっているんだろう」というようなシンプルな疑問からスタートすればよいのです。

　大きな間違いに思えても，後から見直すとどうしてこんな間違いをしたのかわからなかったりするものです。売上は業界平均で2％程度増えているはず，という具体的な推定値を持っていれば，明確な理由のない5％以上の売上増を見逃すことはないはずです。逆に，こういった自分なりの推定値を持って考えないと簡単なミスを見逃してしまう可能性があります。

　推定値を持っておくには，たとえば，売掛金の回転期間分析では同業他社がどういった数値になっているかを知っておく必要があります。監査対応のための分析は，もちろん売掛金残高の検証のために行うものですが，同業他社と比較した情報を営業に情報提供することで利用できます。売掛金の回転期間が同業に比べて長かった場合に，それが自社に起因する要因であれば自社で改善していくこととなりますが，長い間当たり前だと思っていた慣行をライバル企業は回収期間を交渉しているという可能性もあります。副産物としてそういった情報を現場に提供できることもあるのです。分析をするときには，ぜひ前提値を持つということを意識してください。

■ 分析で粉飾もわかる

　ここまで見てきたとおりの分析ができれば，粉飾を見抜くことができることもあるはずです。

　粉飾で多く使われるのが次のような手法です。

---

① 架空売上計上
② 架空在庫計上
③ 経費未計上（特に会計上の見積もり）

　これも趨勢分析，増減分析をしっかりとできていれば，異常点に気づくはずです。

　たとえば，架空売上を計上すると，得意先別に売掛金の残高の増減分析をしたときに異常な残高となるところが出てきますし，回転期間分析でも異常値が検出されるでしょう。

　このような粉飾が見逃されてしまうケースもあります。そうした場合というのは，監査人としては，分析テストの結果，異常点が見受けられたので詳細テストをしたが，会社側が組織的に根拠資料をあらかじめ準備していたために粉飾と言い切ることができず，適正意見を表明してしまった，というケースが多いのではないかと思われます。

■ 分析するには経験も重要

　ここまで分析の方法を紹介してきましたが，実際には分析で異常点を見つけることはそうそう簡単ではありません。日頃から意識して，小さな変化に目を配らせるということを繰り返しているうちに分析のコツを掴むことができるようになります。「何か変だな」「聞いている話と違うな」と思ったときに，やみくもに伝票をひっくり返すのではなく，「常に完成した決算書から全体を見下ろす」という姿勢で当たりをつけるように心がけるのです。

　そのとき実際に何らかの問題が起こっているときもあれば，何も問題がないときもあるでしょう。繰り返しているうちに問題が起こっているときの変化がわかるようになるはずです。

　監査人はそのコツを持っているので細かいことにもよく気づくのですが，そのコツはみなさんも持つことができるものです。

　ただし，これは一朝一夕には身につくものではありません。決算資料を作成した者がまず分析し，上司が決算資料の承認の際に分析結果を確認する。足りない視点は上司が都度アドバイスしていく，というのがよいでしょう。

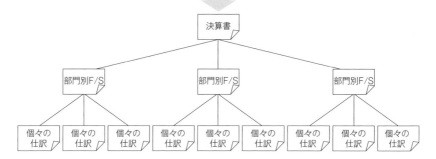

図表8-14　分析の視点

会計上の見積りに関する監査対応

　会計上の見積りとは，財務諸表に計上すべき金額が，①将来事象の結果に依存する場合，②すでに発生している事業に関する情報を適時にあるいは経済的に入手できないために確定できない場合に，経営者が見積りによって当該金額の概算額を算定することをいいます。

　各引当金や固定資産の減損会計，繰延税金資産の回収可能性などが会計上の見積りにあたります。

　この会計上の見積りについて，監査人と会社とで見解が相違することがしばしばあります。しかし，影響が大きいため，これがまとまらないと決算が先に進みません。ここでも監査人がどういった視点で監査を行っているかを理解し，事前に準備しておくということが大切となります。

　財務諸表の作成責任は，あくまでも被監査会社にあり，監査人は財務諸表に重要な虚偽表示がないことに保証を与えることにすぎません。したがって監査人は，経営者が利益計画等をもとに会計上の見積りを行う場合には，その利益計画等の合理性について判断することとなり，実質的な内容までの判断は通常できません。Aという施策を講じればBという結果になるという計画において，経営者が予測したBという結果が合理的かどうかは判断しますが，Aという施

策を講じるのがよいかどうかの評価を監査人はできない，ということです。

　別の角度からいうと，被監査会社は，利益計画が実質的な内容を伴った合理的なものであることを次の観点から説明していかなければならないのです。

---

① 利益計画等の前提となる仮定に合理性があるか？
② 推定された利益計画等を実行する意思と能力はあるか？

---

(1)　減損会計の場合

減損会計を例にとって考えてみましょう。

（例）減損の兆候が見られた資産グループについて，20年間の予測キャッシュフローを基に減損の判定を行い「減損不要」としたが，20年間の予測キャッシュフローが妥当であると認めてもらえない。

　認めてもらえないということを言い換えれば，監査人は「会社が採用した仮定が合理的でない」と見られているか「経営者に実行する意思と能力がない」とみられているかのどちらか，ということとなります。会社はこれについて説明しなければなりません。

	説明の観点	説明の方法の例示
①	一般的経済環境・業界の環境をもとに説明できているか？	業界紙の情報や統計資料を使って説明する
②	他の計画と矛盾がないことを説明できているか？	商品投入計画，人員計画，研究開発計画，販促計画等を使って説明する
③	過去の実績をもとに説明できているか？	過去に講じた施策とその結果を使って説明する
④	計画書やその他文書を使って説明できているか？	予算書，稟議書，取締役会議事録を使って説明する
⑤	その施策を講じる理由を説明できているか？	その施策を選択した理由を明確な言葉で説明する
⑥	その施策を講じる裏づけ（能力）を説明できているか？	新製品を投入するなら新製品開発の資金的裏付け，人員削減を図るなら削減後の人員体制などを基に具体的に説明する

そもそも20年間の予測は極めて不確実性が高いものです。極めて不確実性が高いものについて，監査チームも理解したうえで，それをドキュメント上で判断する審査員に説明し，理解してもらわなければならないのです。

そのためには具体的な施策が伴っていなければなりません。施策が具体的で，取締役会などで検討された計画を提示されれば監査人は反論するのは難しくなります。逆に，取締役会の決議がとれないものは会社の考えではなく，それをもとに会計処理してはいけません。責任の所在も曖昧となり，監査人は信頼することができません。

(2) 税効果会計の場合

もう1つ，税効果会計の例でも考えてみましょう。

繰延税金資産の回収可能性については，経営者の将来事象の予測や見積りに依存し，金額も大きくなることが多いため，監査上の論点となる可能性が高いといえます。この点，企業会計基準適用指針第26号「繰延税金資産の回収可能性に関する適用指針」では，過去の業績等の状況等を基準として会社を区分し，回収可能性の判断を行うことが示されています。しかし，同報告における判断基準はあくまで例示であり，繰延税金資産の回収可能性についてはスケジューリングで判断することが原則なのです。

固定資産の売却など特殊要因で将来の益金が明確にあるのであれば，会社区分に関係なく，スケジューリングの結果をもって繰延税金資産を計上します。また，過去どれだけ赤字を計上していても，将来，利益計上の確実性が高ければ，スケジューリングに基づいて繰延税金資産を計上することとなります。

監査人に認められる繰延税金資産の回収に関する検討ポイントは次のとおりです。

> ①　前提となっている利益計画は妥当なものか？
> 　業績が不安定な会社なのに，積極的な根拠なしに右肩上がりのシナリオを描いていると妥当でないと見られる可能性が高いでしょう。
> ②　取締役会などを経た会社としてのメッセージになっているか？
> 　将来予測を多分に含むため最終的には経営者の判断が必要です。取締役会で取締役会議事録にその旨をきちんとドキュメンテーションしておく必要があります。

　会社の意見を主張するためには，会計基準を踏まえたうえで，会社の見解を明確に文書で示し，監査人が「わかりました」といえる環境を「会社で作ってやる！」くらいの気構えが必要です。

■ 会計上の論点に関する会社の見解の監査人への示し方

　前提として会社の見解を文書にまとめ，監査人に示す必要があります。会計上の論点が会社の決算数値に影響し，その結果の投資家に対する説明責任もあるため，期限を区切って回答してもらうように監査人に依頼しておくとよいでしょう。

　文書には次のような事項を示しましょう。

> ①　検討事項
> ②　会計上の論点となる理由（実質的理由，間接的理由）
> ③　会計基準における規定・趣旨
> ④　会計基準の規定・趣旨を踏まえた会社の見解
> ⑤　問題点と対応策
> ⑥　会計処理の時期，資産・損益への影響金額

　必ず根拠と責任区分を明確にしなければなりません。これがはっきりしない場合，結果的に保守的な処理を監査人は選択しがちです。

■ 監査人への有用性が高い資料を準備する

　この章では，ここまで監査対応のための分析，会計上の見積りなど重要な論点に対する事前準備について説明してきました。これらは監査人が見て理解できるようにドキュメンテーションされていなければなりません。

　監査手続を行ったうえで監査調書として記録することが，現場での監査業務の中心です。つまり，その監査調書に活用できるような資料を準備しておけば，監査はさらに効率的に進むこととなります。監査人がやることをほとんど経理側でやっておくのです。

　たとえば，引当金の計算根拠資料を依頼したときに，出てきた資料の計算で使用している数値の出所が明らかでない場合や，表計算ソフトで計算した結果だけが印刷物に表示されているため，計算過程がわからないような場合もあります。忙しい中計算されたであろうことが伝わってきますが，これではいけません。監査人は，資料の内容が理解できなければ納得がいくまで経理の担当者に質問し資料を要求しますから，その間は決算業務が止まることとなります。また，監査人は，質問した結果を監査調書に記録していきます。

　「監査人が有効に活用できる資料」を準備するところまでが決算業務と位置づけ，事前に必要な準備を行っておくのです。

監査への有用性が高い資料の例

> ・作成日や作成者，管理責任者が明確であること
> ・体系だっていること
> ・様式が統一されていること
> ・それぞれに根拠が示されていること（作成過程が明らかであること）
> ・数値に誤りがなく誤字脱字もないこと
> ・他の関連資料と数値が整合していること
> ・システムから出力された帳票であること，または，システムから出力された数値を元に作成した資料であること

■ 監査調書に合わせた体系的な資料

　監査人が作成する監査調書は，通常，図表8−15のような体系となっています。

図表8−15　監査調書の体系

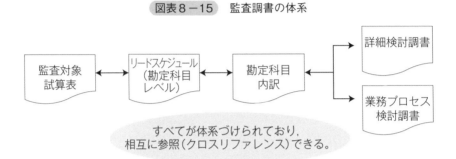

①	監査対象試算表	会社が監査初日に監査人に提出した試算表のことです。この試算表に計上されている各勘定科目の数値を確かめるために役割分担して現場での監査作業を行います。
②	リードスケジュール	勘定科目ごとの総括調書です。前期と当期の数値や財務分析の結果，勘定科目に対して実施した監査手続の結論を記載します。
③	勘定科目内訳書	相手先ごと・種類ごとに前期と当期の残高を比較します。つまりここで勘定科目レベルでの前期増減比較を行っています。
④	詳細検討調書	勘定科目レベルでの前期増減分析を受けての詳細な監査手続の結果の記録，時価評価，引当金，減損会計や税効果会計などトピックの検討の記録などを行います。
⑤	業務プロセス検討調書	業務プロセスごとに内部統制の検証（ウォークスルーなど）やサンプリングによる取引チェックの検証過程などを記録します。

　ここまで監査人と同じように分析して準備してきたのですから，監査調書に対応する形でドキュメントされたものが非常に監査に有用性の高い決算資料ということとなります。監査人の手間を省くことができて，監査工数の削減にも

繋がります。監査調書に対応した資料は**図表8－16**のようなイメージです。

　固定資産を例にとって監査対応の流れをまとめてみます。

　まず，財務諸表全体で分析したところ，固定資産が多く増加していました。そうなると，増加の原因を把握しなければなりません。「○○工場で生産設備を増強した」等の事実があれば，それを固定資産のリードスケジュールに記入します。これを監査の初日に監査人に見せるのです。

図表8－16　監査調書の体系に合わせた資料

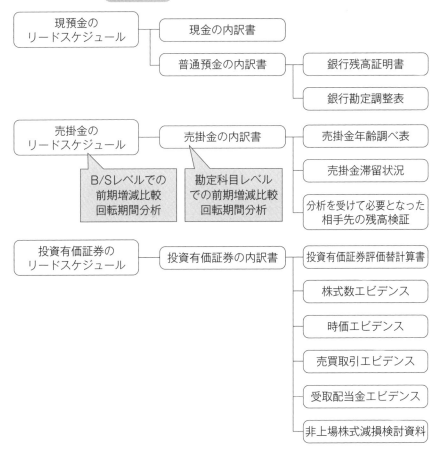

　そうすると，監査人としては，その事実を裏づけるために，必ず契約書や請求書，支払いや検収日に関するエビデンスを見せるよう要求するでしょう。

　そこまではすでにわかっていることですから，先に準備しておけばいいのです。必ずしも見栄えよくきれいに整理してファイリングする必要もありません。

　固定資産関連として資料を中にまとめておくだけでもよいでしょうし，伝票番号などを残して置いてすぐに検索できる状態にしておけば，監査人は放っておいても探します。資料のどこかにはある訳ですから，検索できるようにしておいて，監査人に適宜チェックしてもらうという対応でも構いません。

　監査人に言われてから総勘定元帳をチェックして資料や伝票番号などを探すのと，事前に準備しておくのとでは，圧倒的に後者のほうが効率的です。指摘されるとわかっていることは先に準備しておくのです。その過程で間違いに気付くこともあるでしょう。そうすれば監査法人に誤りを指摘されるより先に修正することもできるのです。

　同様に，現預金，売掛金，投資有価証券など，すべての重要な勘定科目で準備しておきます。監査対応の非常に上手な会社は，そういったエビデンスのファイルをしっかりと準備しています。そして監査対応の期間を限定します。

　たとえば期間を３日間と定め，その間は経理部長や経理課長が，必ず監査の行われる会議室に控えているのです。時間を決めて，10時から16時，10時から15時など，その間は必ず会議室にいて対応します。資料はすべて事前に用意しておき，不明な点に即答できる人がその場にいるようにします。そのように会社側が徹底的に準備していると，監査人もよほどの理由がない限りその時間で終わらせなければならないという意識が強まります。経理部長がいると，監査チームの中で多少の無駄話をすることすらやりにくくなるはずです。

　こうして意識の改善と事前に準備していることとがあいまって，圧倒的に監査が効率的に進むはずです。

　監査をやっている中で，緊張感が薄いと，会議室に引っ込んでしまって監査人が何をやっているのかよくわからない，という事態になることがあります。

これは，お互いにとってよくないでしょう。時間をしっかりと決める，その代わり厳しくするだけではなくて，会社としても監査に必要な情報を提供するようにします。分析資料を用意して，そこにリファーするエビデンスのファイルもきちんと整理をして，質問に応答する時間を取っている代わりその時間内で終わらせてくれ，というアプローチの仕方が大事でしょう。

　売上高が何千億から数兆円にもかかわらず，決算発表がかなり早い会社もたくさんあります。そんな大会社では，こうでもしなければ短期間で決算発表などできません。

　「うちはそんな大企業と違うので，人数も限られているし・・・」と思われるかもしれません。しかし，一度やってみてください。大変なのははじめの1回だけです。体系を作り上げてしまい，適正な業務分担ができれば，2年目以降はルーチン作業となります。はじめに作り込むのが大変というのであれば，導入時だけ外部のコンサルティングを活用することもできるでしょう。導入時

図表8－17　　固定資産の監査対応の良くない例

こんなことをしていませんか？

監査人

経理担当者

貸借対照表の月次推移を見ると，●月に機械装置が大きく増えていますね。総勘定元帳をコピーしてください。

総勘定元帳をコピーしてきました。

総勘定元帳を見ると高額の機械を取得していますね。固定資産台帳と請求書を見せてください。

固定資産担当に確認しますので少し待ってください。……●月の請求書綴りをひっくり返して，請求書を探し出す。

取得費をいくつかの機械に按分してますね。計算資料と耐用年数の見積りの資料をお願いします。

固定資産担当に確認しますので少し待ってください。……資料を見せる。

「固定資産担当は固定資産増減明細と●万円以上の固定資産の取得についてはエビデンスを決算ファイルに綴じる」というようにしておけば，このようなやりとりはなくなる。あらゆる場面で考えられるはず。

にはコンサルティングに費用がかかりますが，その後の監査にかかるコストが削減でき，トータルでは大幅なメリットが出てくる可能性もあります。

　繰り返しになりますが，必ず監査で必要な業務を「いつやるか」という問題なのです。

■ 事前準備のための日程を確保しておく

　本章では事前準備の大切さについて書いてきました。

　監査対応のための事前準備を行おうとしたら，少なくとも１，２日はかかることでしょう。従来と同じスケジュールではできませんから，その時間を確保しておかなければなりません。

　準備のために休日出勤や残業が必要となるかもしれませんし，また，監査人に監査スケジュールを１日，２日遅らせてもらわなければならないかもしれません。一時的にこれまでよりも多い作業が発生してしまうこととなりますが，結果としてトータルの監査工数は大幅に減ることでしょう。

第9章

監査を効率的に受ける方法

■ 最終的なゴールは同じ

　決算監査の時期がやってくると「また監査対応しなければならないのか」と
ネガティブな印象を持たれるかもしれません。監査に対してネガティブになっ
てしまう理由には，以下のようなものがあるでしょう。

- 残業が多くなるから
- 他の仕事に取り組む時間がなくなるから
- よくわからないけど資料をたくさん用意しなければならないから
- 難しいことを言われるから
- ミスを指摘されるから

　それぞれ，さまざまな理由があることでしょうが，これらは解消できないの
かというと，決してそんなことはありません。

　なぜなら，会社も監査人も最終的なゴールは同じはずだからです。それは，
「正確な決算を開示すること」。そのために会社は監査人に対して会計数値の根
拠を示すことになるし，監査人は会計数値の根拠を確認するのです。監査や監
査人のことをしっかりと理解して，それを踏まえて準備をしておけば残業も減
るでしょうし，何より監査対応に対する納得感も変わってくるでしょう。

　ここで大切なのは，ゴールは共通しているのですから，監査人に対してネガ
ティブな印象を持って受け身でいるのではなく，お互いに積極的に理解し合い
ながら，仕事がやりやすいように監査・監査対応に取り組むことです。

176

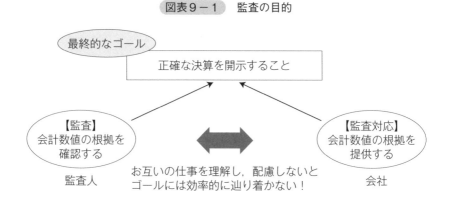

図表9－1　監査の目的

最終的なゴール

正確な決算を開示すること

【監査】
会計数値の根拠を
確認する

監査人

お互いの仕事を理解し，配慮しないと
ゴールには効率的に辿り着かない！

【監査対応】
会計数値の根拠を
提供する

会社

　監査人側は，監査基準やマニュアルなどでやらなければならないことはある程度決まっていますから，まずは監査のこと，監査人のことを知ることが，「監査を効率的に受ける」近道となるはずです。

■ 監査対応の役割分担

　監査人は監査の現場にやってくるとそれぞれ役割分担を図りながら，各自に与えられた業務を行います。通常，その役割は勘定科目ごとまたは業務プロセスごとに分担し，分担表を作ってその役割を明らかにします。

　監査経験の浅い会計士は，現金や借入金など判断をあまり必要としない勘定科目を担当し，やや経験を積むと，売上や仕入など会社の基幹業務に関係する勘定科目，さらに経験を積むと，引当金や減損会計など重要な判断を伴う勘定科目を担当します。

　この分担は，監査人に依頼すれば教えてもらえるでしょう。監査人の分担に応じて，被監査会社側も分担を作り，監査人に先に伝えます。監査人側も被監査会社側も担当者の交代は往々にしてあることですから，いざそうなった時に困らないようきちんとわかるようにしておくとよいでしょう。

　「売掛金のことは営業部の××さんに聞いてください」など誰に何を聞けばよいかを明確に前もって伝えておけば，いちいち経理部長や課長が間に介在する必要がなくなります。

図表9－2 監査分担表の例

名前	役職	勘定科目	業務プロセス	個別トピック	注意点
O	パートナー				
I	パートナー			継続企業の前提の検討 後発事象の検討	XXX
U	マネジャー	引当金 税効果会計		財務諸表の総括的吟味（分析）	XXX
T	シニア	売上債権，売上	販売プロセス	XXX	XXX
K	シニア	仕入債務，仕入 棚卸資産	購買プロセス	XXX	適宜スタッフをフォローすること
F	シニア	固定資産，投資等 販管費，営業外損益，特別損益	固定資産管理プロセス	XXX	XXX
M	スタッフ	その他流動資産 その他流動負債	XXX	XXX	終わり次第Kシニアに報告する
Y	スタッフ	現金預金，借入金	XXX	XXX	終わり次第Kシニアに報告する

監査終了予定日　XX月XX日
審査　XX月XX日
決算発表　XX月XX日（業績予想の修正予定なし）

　もちろん，監査人とのやりとりで重要な事項は経理部長や課長は知っておく必要がありますから，そこは必ず報告させるというルールが必要です。
　監査人の側は，新人でも，前年の監査調書や監査手続書（監査指示書ということもある）を見て，ある程度卒なく自分の担当をこなしてしまいます。
　それに対して，被監査会社側は，一定クラス以上でないと監査対応をしないところが多いようです。右も左もわからない新人は対応できないでしょうが，少なくとも1つの業務を任されている担当者であれば，監査の現場に出しても問題ありません。

図表9－3 監査人側の体制に合わせた被監査会社側の体制作り

	パートナー	マネジャー	シニア	スタッフ
役割	監査チームの統括	監査現場の統括 クライアントとのコミュニケーション	スタッフをサポートするとともに自身もより複雑な監査手続を行う。	与えられた任務に基づき計画的に監査手続を行う。
監査の現場での担当	分析的手続。勘定科目の監査手続は基本的には行わない。	重要な判断を伴う勘定科目の監査（減損，税効果，引当金など）	経験の必要な監査手続（業務プロセスの監査，引当金など）	比較的簡単な監査手続（主にB/S残高を担当）

監査人側の体制に合わせた
経理の体制を作っておく！

部長	課長	主任・係長	一般社員

■ 監査スケジュールの見直し

　一般的に，監査の始まる少し前に監査人から監査スケジュールの案が示され，それに調整を加えたうえで実際のスケジュールが決まります。この監査スケジュールは無理のないものになっていますでしょうか？

　たとえば，監査対応できる担当者が3名しかいないのに，監査人が7～8名でやってくるようであれば，対応の限界を超えてしまうでしょう。そうなると，監査期間中は遅くまで残業して監査対応に追われることとなりますし，準備ができるまで監査人に手待ち時間が発生します。

　また，決算が締まるかどうかのギリギリのタイミングで監査を予定していると，不測の事態が生じて，決算の締めが間に合わなかった場合，予定通りの監査ができなくなる可能性もあります。焦って決算を締めることによってミスが起こるかもしれません。少なくとも，決算の締め日から1～2日の準備期間を設けておくのがよいでしょう。

　決算業務と監査は何が何でも期日までには終わらせないといけませんから，

はじめから残業や休日出勤を前提としたスケジュールを組まずに，残業や休日出勤は不足の事態があったときのために空けておくのがベストです。

　単体監査から連結監査，決算短信のチェックまでを連続させた監査スケジュールを組んでいるケースもありますが，監査対応に支障がある場合，一日空けてもらったり，監査メンバーの数を減らしてもらったりして，次の準備をする日を作るようにしてもよいでしょう。監査対応に支障があるときとは，監査で指摘を受けて修正する可能性があるときです。あらかじめ修正を見越して経理側の作業時間を設けておけば，監査対応業務と決算業務を切り分けができるようになります。

　こうしたスケジュール調整の依頼は監査人にしても構いません。監査人にとっても効率的に監査ができるようになるなら意味のあることですから，むしろ積極的にすべきことでしょう。ただし，依頼するのであれば余裕をもって早めにしておかなければなりません。

　各社の監査の時期は重なりますから，監査人は何カ月も前からスケジュールを調整しています。特に３月決算の会社の場合は監査をする期間が特に集中します。その中で，各会社の要望や監査人の能力などを踏まえて，監査人を配分しないといけないわけですから，多大な時間をかけて日程の調整を行うのです。ようやく決めた監査人のスケジュールを，後から変更するより依頼しても調整は難しいでしょう。１社の都合で決まったスケジュールを変更すると，ほかの会社の監査スケジュールにも影響する可能性があるためです。

　調整を依頼するタイミングとしては，新年度に入り，監査計画の説明を受けるよりも前くらいでちょうどよいでしょう。

■ 監査対応できる経理部員の育成

(1)　監査報告会に出席させる

　監査が終わったタイミングで，監査での論点や指摘事項を監査人から会社に報告する監査報告会が行われます。この報告会には，経理担当取締役，経理部長，経理課長くらいまでが参加することが多いですが，中には，全経理部員を参加させる会社もあります。誰を出席させるかは会社が決めて構いません。

　全経理部員が監査報告会に出席する会社では，各経理部員が自分の仕事における　ミスが大きな監査上の問題となる可能性があることや監査でトピックとなっていることを聞いて，より一層，監査を意識した業務に取り組むことができるのではないでしょうか。

(2)　監査対応の役割を与える

　はじめは書類を持ってこさせることからでもいいでしょう。監査が行われている会議室に，出入りする人を限定せず，少しでも多くの人に監査の現場を見せることが大事です。そのことが，ちょっとした質問も監査人にすることができるような環境が築くことにつながるでしょう。監査現場がピリピリしていれば「何か手伝いましょうか？」と申し出る部下もでてくるかもしれません。

　上司からすると「まだ監査対応できるほどの知識・経験が備わっていない」と見える部下もいるでしょうが，監査人側も経験の薄い新人に監査させているのです。監査人に必要以上に気をつかうよりも，コミュニケーションを取ることのほうがメリットは大きいでしょう。ちょっとした日常業務のうちでわからないことを監査人に質問できるくらいの関係を，担当者同士で築いておくとよいでしょう。

　重要なことは，若いうちから監査の現場に顔を出させることです。上司が監査の現場でこんなやりとりをしているのだ，ということがわかれば，「将来は自分がやらなければならない」ということを意識して現在の仕事に取り組むでしょうし，将来の自分の仕事が見えてきます。

■　監査で必要な資料の見直し

(1)　監査資料リストの作成

　監査で毎回提出している資料をすべて把握できているでしょうか？

　もしできていなければ，提出資料をリストアップしましょう。これは監査人に「必要資料を事前に連絡してください」と頼めば，作ってくれる場合もあります。これがなければ資料作成の役割分担も効率的にできませんので，結果的

に監査対応作業は上司に集中してしまうはずです。監査資料リストは，一度作れば後は更新して継続して使うことができますから，時間がかかっても作るべきでしょう。

　また，一度監査人に渡したはずの資料を再度要求される，ということはないでしょうか？　こういったときも，監査資料リストをもとに消し込みをしておけば，すでに渡している資料だと主張できるのです。

　被監査会社できちんと管理をしていれば，監査人も監査を徹底することにつながります。こうして監査人側に緊張感を持たせることによって，監査人の対応を変えることができるのです。

図表9－4　監査資料リスト

勘定科目	資料名	提出媒体	作成者	期日	作成日	監査人担当	提出日
全般	残高試算表	紙					
	月次推移試算表	データ					
	・・・						
現金預金	現金預金の明細	紙					
	銀行勘定調整表	紙					
棚卸資産	期末在庫集計表	データ					

(2)　資料の役割を理解する

　監査人は監査でたくさんの資料を利用します。もちろんほとんどの資料は監査に必要かつ重要な資料なのですが，それほど重要でなくすぐに破棄してしまうものがあるのも事実なのです。慣習でとりあえず提出しているような必要性の低い資料が入っている可能性もあります。経験の浅い監査人からすると，何が必要な書類なのか判断できないため，後で「なんであの書類をもらってないんだ！」と上司に怒られるよりは，被監査会社に頼んでひと通り資料を揃えておくほうがはるかに楽なのです。

　そのような理由で重要でない資料の準備に時間が割かれてしまうのは不効率

ですので，資料を提供する側も，その資料を使って監査人が何を確認しようとしているのかをわかっておく必要があります。「この資料で何を確認しているのですか？」と聞けば，ほとんどの監査人は答えてくれるはずです。逆に，答えてくれないような監査人であればコミュニケーション能力に問題があるといえるでしょう。

前年度に提出を依頼されなかった資料を求められれば，昨年と何が変わったかわかります。経済事象が変わった，新しい取引が出てきた，監査基準が変わったなどの事実があれば資料を提出しなければならないでしょう。監査人からしっかりと説明を受けて納得して資料提出ができれば，これは今年だけの話である，または，来年も必要となりそうなので先に準備しておこう，などと前向きな取組みができるようになります。

(3) 資料を置き換える

「こんな資料を作ってください」という監査人の要望に応じるがまま，監査人の指定する書式にデータを打ち込んで資料として提出しているようなものはないでしょうか。監査で使う資料はルールで決まっているものではありません。当然，会社ごとに違ってよいはずです。社内で使用しているシステムから同じような内容の資料が出力されるのであれば，それで代替できないのか確認してみましょう。中には，監査人がほかの会社で提出された資料で使い勝手がよいものがあり，それと同じものを依頼しているだけ，ということもあるのです。

監査で必要な資料と被監査会社が備えておくべき資料は，本来は共通するものです。なぜなら，正確な財務諸表を開示するという点で，被監査会社と監査人の目的は共通しているからです。

「会社にとって何の役にも立たない資料を作らされている！」と感じた場合，その感覚は正しい可能性もあります。つまり，監査でも必要性の薄い資料の準備をさせられている，ということです。

ただし，監査で必要な資料は多岐にわたります。監査人にも作れても，状況をよく理解している会社が作ったほうが早い資料もあります。また，必要な資料の作成を会社側が拒めば，結局監査人が作ることになり，監査にかかる時間

が増える分，監査報酬にも影響してきます。資料の作成を何もかも拒むのではなく，類似の資料があるのであればそれで代替できないか，省略やシステム化などを作成するのに膨大な時間がかかる資料があるのであれば検討することも必要です。

(4)　事前チェックを行う

　監査人に提出する資料はどんな資料でも必ず事前にチェックするようにしてください。

　決算に関連する各数値はさまざまな事柄に連動しています。簡単な間違いが後で見つかったことで，他の作業もやり直しが生じるような事態は絶対になくさなければなりません。

　J-SOX対応で，経理部門内部での事前チェックは基本になりましたが，それでもまだまだ簡単な間違いをしている会社が多いのも事実です。

(5)　監査人が喜ぶ資料を作る

　監査人が欲しいのは証拠力の高い資料です。わかりやすくいうと「信用できる資料」となるでしょう。

　社内で作った資料と社外から入手した資料では，社外から入手した資料のほうが改ざんしにくい分，より証拠力が高いものとなります。社外から入手する資料としては金融機関の残高確認書などがあげられます。社内で作成する資料については，不備のないものを用意する必要があります。たとえば，あなたが部下に資料を要求したところ，計算結果が間違っている資料やメモ書きのようなものをもってきたとして，それを信用できるでしょうか？　それと同様のことがいえます。

　それから，出所がしっかりとした資料です。データ改ざんができないシステムから直接出力されたデータと，表計算ソフトで加工したデータでは，前者のほうが信用度が高いということとなります。

　作成者，作成日時も明確にしておかなければなりません。

　監査に有用な資料は第8章でも詳しく解説しています。

■ 監査対応の記録

監査人の担当者が交代し，前期の監査でされた質問と同じことを繰り返し聞かれる，という経験をお持ちの方もいるでしょう。1，2回で済めばまだいいのですが，毎年の恒例行事のようになってしまっている会社もあるようです。

監査人は，重要な事項であれば，監査調書に記入して必ず引き継ぎをしているはずですが，そこまで重要でないと考えるものについては，書き出せばキリがないということもあり，監査調書に書き留めないこともあります。

もちろんしっかりと引き継ぎをしていない監査人にも問題はあるのですが，被監査会社で対処できることもあります。その場でメモに書き留め，ファイルに綴じてしまいましょう。監査の初日に新しくやってきた監査担当者に「まずはこれを読んでください」とファイルを渡せば，同じ質問を繰り返されるという問題は解消されます。

また，質問対応は口頭で行わずに，QAシートを作成し，文書で回答することも有効です。これにより，「いつ，誰が，どのような質問を受けて，どのように回答したか」が明らかになります。これを蓄積していけば，改めて質問対応のドキュメント化を図る必要もありませんし，毎回質問されるものに対しては事前に準備しておくことができるようになります。

図表9－5　QAシート

2022年3月期

No	質問日	質問者	質問	回答日	回答者	回答
1	2022/4/20	大原会計士	A社の売掛金の増加原因を教えて下さい。	2022/4/21	経理部 松本	期末日が休日のため，翌日に振込みがされたことによるものです。

　これまでは特に問題になっていなかった会計処理が，監査人の担当者が交代したら問題になった，というようなケースもあります。

　取引の重要性が増したとか，会計基準の改訂があったなどの事情がなければ，通常はこのようなことは起こりません。原因としては，交代した担当者が取引の背景を理解していない，もしくは，従来から会計処理が誤っていた，のどちらかになります。従来から会計処理が誤っていたのであれば，「以前はOKだった」といくら声をあげても無駄です。間違っているものは正しいものに修正せざるを得ないでしょう。担当者の交代がきっかけとなり過去の間違いが発覚することは，珍しくありません。

　また，担当者が取引をよく理解していない可能性もありますので，会計処理が問題となる理由をしっかりと聞いて，納得するまで話し合ってください。

　担当者が交代する度に蒸し返しになる可能性もあるわけですから，しっかりと記録しておきましょう。被監査会社の担当者も交代する可能性もあるはずです。このようなときにも過去のQAシートや備忘記録が役に立つこととなります。

■ データの共有

　経理部門内で最新の決算に関係する数値などの情報が共有できていないというケースがまれにあります。たとえば，監査人の指摘を受けて決算に関係する数値を変更したとなれば，それは後工程にも影響します。この連携ができていないことがあるわけです。

　わかりやすい例でいえば，決算書本体の数値が変更となれば，四半期報告書や決算短信に記載の数値にも影響しますが，事実が伝わっておらず，連携がとれないままに変更前の数値で四半期報告書や決算短信の作成に取り組んでしまい，やり直しが必要になるようなケースです。

　一度決算数値が締まったけれども，その後に誤りが見つかって決算数値の修正が入ったということもあります。

　数値の変更があると，前工程の担当者が他の担当者に連絡するというのは当然ですが，往々にして全員に共有されてないケースもあります。

そのためには最新の情報がすぐに共有できるような方法が採られていなければなりません。

■ 監査手続の理解

監査で準備する資料の必要性を確認するのと同様で，監査手続の必要性についても気になるものは監査人に確認してください。

「何でこんなことをやっているかわからないけれども，言われたから仕方なく進めている」と取り組むのではなく，必要性を理解して進めるようにするのです。監査人が行う手続は，「財務諸表が正確かどうか」を確かめる目的のもとに進められますので，その手続を知っておくことに経理担当者として損はありません。

1つひとつの作業について目的を理解しておけば，新たな取引や論点が出てきたときに「こういった手続が必要になりそう」「こういった確認を事前にしておくとよい」ということがわかり，事前に準備することができます。先に準備しておくのと，監査人の依頼を受けてから過去に遡って資料を探し出して用意するのとでは圧倒的に決算時の負担が違うはずです。

■ 工場，支店，海外拠点などでの効率的な監査の受け方

(1) 工場・支店・営業所の監査の効率的な受け方

工場・支店・営業所の監査は，短期間で行われますから，あらかじめ監査の準備をしておかなければなりません。

通常は，まず各拠点の責任者が概況を説明し，それに対して監査人が全体的な質問をします。その後に各取引の資料をサンプリングでチェックするという流れとなります。

各拠点を往査する監査人は，担当を固定されないことが多いため，繰り返しの説明を要することも多いでしょう。毎年共通している事項は，ドキュメント化して渡すようにするとよいでしょう。

　また，監査で重要な不備や問題点がなかった拠点は，毎年監査を行わなくてもローテーションでの実施にすることも考えられます。

　毎年監査対象拠点となっているけれども，規模が小さいなどの理由で必要性に疑問を感じることがあれば，監査をローテーションで行うようにできないか，監査人に相談してみてください。

(2)　海外拠点での監査の効率的な受け方

　海外子会社については，監査人の提携ファームに監査を依頼しているケースが多いと思います。しかし，いわゆるビッグ４といわれる大きなファームでなくても，現地のローカルの監査事務所でも十分監査ができるケースもあります。その場合，監査人からすると，ローカル監査事務所の監査の信頼性に疑問が生じる可能性もあります。

　そうした場合は，監査人に海外往査をしてもらうのです。年間数日の監査と出張費用を含めても十分コストを下げることができる可能性もあります。

　特に初めての監査人が海外拠点を訪問する際には，経理部門がどの程度のレベルにあるかどうかを気にするものです。できれば，事前に本社の担当者が現地を訪問し，最低限必要なアドバイスや改善をしておくべきでしょう。

　近年，決算早期化ができない大きな原因の１つが，海外拠点の経理部門の脆弱性にあることが多いのです。言い換えると，海外の子会社の業績や決算を本社がコントロールできておらず，連結決算を締めるにも，連結決算監査対応にも，時間がかなりかかっている会社が多いということです。

■ 決算早期化を図る

　決算早期化が達成できている会社は，多くの場合，監査も効率的に行われています。決算早期化が達成できている，ということは，決算に必要な情報が適時に整理・集約され，さらに決算作業の標準化・分業化が図ることができている，ということにほかならず，非常に監査しやすいのです。

　決算早期化を図るためには，まず，現状の決算業務を把握するところから始めます。実際の決算スケジュールは把握していますか？　決算スケジュールの

予定についてはどの会社も作成しているでしょうが，「実績」に置き換えた決算スケジュールを作成している会社はそう多くないように思います。まずは現状の決算スケジュールを把握しなければなりません。そして，そこからボトルネックとなっている業務を見つけ出し，1つひとつ考えられる対策を講じていく，という地道な方法のほかに決算早期化を図る方法はありません。

　作業手順に作業の実施日，完了日などを並べ，グラフ化するガントチャートを作成すると，どの業務が原因となり次の業務が遅れているかなどが一目瞭然となります。それをもとにボトルネックとなっている業務の問題点を解消していくわけです。

■よく見られる決算が遅延する要因

---

① 特定の日に特定の担当者に業務が集中している。
② ある部門からの資料の提出がいつも遅れ，次の作業ができない。
③ ある子会社（特に海外子会社が多い）の決算がなかなか固まらない。
④ ミスが多く，その度にやり直している。
⑤ 必要性の低い作業を決算業務の最中に行っている。
⑥ 決算資料が多い，無駄がある，体系的でない。

■ 連結パッケージの見直し

　「子会社からの連結パッケージの提出が遅れる」「連結パッケージに誤りが多い」ということが連結決算の遅延の原因になっているケースがあります。こうした場合は，連結パッケージの見直しを行ってください。

　通常，子会社の経理担当者は連結決算に精通していませんので，複雑な連結パッケージの入力に時間がかかったり，誤った情報を入力してしまったりする可能性があります。中には，連結決算に必要ではないような情報まで保守的に連結パッケージに入力させているケースもあります。一度，連結パッケージが合理的なのか，有用性の高いものなのか，ほかで情報を入手できないか，等を検討してみるとよいでしょう。逆に連結パッケージの網羅性が欠けているために，連結パッケージを入手した後も追加で情報が必要となるケースもあります。

決算の合間をぬって，グループ会社へ直接指導しにいくことも必要でしょう。

■ 問題点の共有化

　監査が終わった後には，経理部門内で監査人から指摘された問題点やスケジュール上の問題を必ず共有しましょう。そのときは特定クラス以上の担当者だけを対象にするのではなく，できるだけ対象者を広げておくべきです。今は直接その業務に関わっていなくても，いずれは関わることになるからです。また，その際は議事録を作成して，途中から入った人も遡って閲覧できるようにしておきましょう。

　監査人から指摘された問題点やミスが翌年度も同じように起こってしまうと，大きな問題となってしまう可能性があります。監査人からすると昨年指摘したミスが繰り返し起こっているということは，内部統制はうまく構築できていないな，と判断する要素にもなるからです。内部統制の評価が変わるということは，残高確認のサンプリングの件数に影響するかもしれませんし，監査手続に影響するかもしれません。そのような側面があることも考えておいてください。

■ 監査初日にパートナーに来てもらう

　多くの監査現場で起きているのが，パートナーが現場作業が終わる頃にやってきて，そこから二転三転するという事態です。

　最終的にはパートナーが結論を下しますから，パートナーが監査調書をチェックしたり報告を聞いたりして，手続が不十分と考えれば自分が納得できるまで手続するように指示します。それを受けて，会社が対応しないといけないこととなるのです。

　みなさんのほうがよくご存知かもしれませんが，このことは非常に頻繁にあります。パートナーと監査チームメンバーとでは経験も違いますが，責任の重みもまったく違いますから，要求は厳しいものとなります。

　そのパートナーが監査の最終日近くにやってくるのには理由があります。監

査の前半に来ても，資料が十分でなければ，彼らが見るものがないからです。

　しかし，このままでは問題は解消しませんから，監査初日に来てもらうことができるように会社側で準備するとよいでしょう。監査初日までに会社側での分析を終わらせ，今回の決算で論点となる事項を取りまとめ，パートナーに説明するのです。会社の状況を正しく理解してもらうことができれば，パートナーは事前に監査チームに指示を出すことができます。監査終盤でパートナーがやってきて混乱する，ということはなくなることでしょう。

　この際は主に次の事項について，あらかじめ説明用の書面を準備したうえで伝えるのがよいでしょう。

---

① 　当期の業績の説明
② 　会計上の論点に対する会社の方針の説明
③ 　後発事象，訴訟の状況など重要事項の説明
④ 　決算発表，報告書日付の確認　　など

　当期の業績の説明をする際は，前期比較や予実比較をもとにして，具体的に行う必要があります。たとえば，「当期はＣＭ効果で売上が上がりました」という説明では，監査のポイントが明らかにならないため不十分です。ＣＭ効果であれば，「○月から○月まで○○万円をかけて主力製品のＣＭを行いました。その結果，30代の来客が○○％増え，単価は変わりませんでしたが，主力製品の売上が○％上がりました」というように，具体的な数値をあげて説明します。これにより，広告宣伝費，年代別・製品別の売上の確認や主力商品以外の在庫が滞留していないかなど，具体的な監査のポイントを指示することができ，意味のある事前説明となるのです。

　このような事前の打ち合せがあると，重要な会計上の論点について事前に審査員に相談したりすることができるようになるのです。

■ 会社の細かい要望を伝え，監査の細かい問題も教えてもらう

　担当者とのコミュニケーションに問題が生じている，説明が足りない，残業が多いといった細かい要望もパートナーに伝えておくとよいでしょう。特に決

算の際などは，限られた時間の中で監査を終わらせなければならないというプレッシャーから，被監査会社に対する配慮が欠けてしまうこともあります。しかし，ビジネスとしておかしいことは解消しておくべきです。

　そのときに伝える相手は，責任者であるパートナーである必要があります。責任者以外に報告しても効果が得られないことが多いからです。それと同時に，被監査会社に対する細かい要望も伝えてもらうようにお願いしておきましょう。監査する立場からは，監査報告会で報告するほどのものでもないけれど，直してもらえたらよい，と思うこともあります。

　たとえば，監査で提供した資料の精度が低い場合などがあげられます。数値が正確でなかったり，作成の趣旨がわからなかったり，体裁が悪かったりといった資料は受け取っても，もう一度監査人で作り直ししていることも多いのです。しかし，経理担当者は，監査人が受け取った資料は監査で使うものとして翌年も翌々年も同じように提供します。ここで，監査人から「この資料はこのように直したほうがいいですよ」「こういう資料を提出してくれたら監査も効率化できるのですよ」といったアドバイスをもらうことができれば，そのとおりの資料を準備することができるようになります。

　ちょっとした問題をお互いで解消できるような関係を作っておくことが，監査の効率化に繋がっていくのです。

■ 相談はできるだけ早く，悪い情報こそ早く伝える

　新しい取引がある，減損の兆候がある，税効果会計で会社区分判断が変わりそう・・・こうしたことから導かれる監査上の重要な論点については，監査人は現場ですぐに結論を出すことができません。パートナー，もしくは場合によっては審査担当パートナーの判断を仰いだり，社内の品質管理部門（審理部，業務管理部などともいう）に事例の照会をかけたりします。場合によっては結論が出るまでに1，2カ月かかったりすることも考えられます。

　ですので，実行するかどうか決めていない段階でも早めに相談することが望まれます。

　監査人には高度な守秘義務がありますから，そこから情報が漏れるというこ

とはまず想定しなくてよいでしょう。

　会社にとって悪い情報をすぐに監査人に伝えるかどうか迷うこともあるで
しょう。しかし，悪い情報こそ早く伝えるべきです。これは結果的に経理部を
守ることにもなるのです。

図表9-6　監査人の相談の流れ

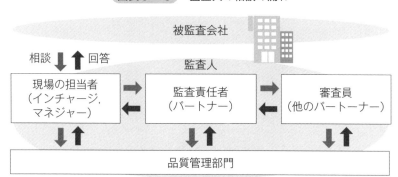

規模の大きい監査人ほど時間がかかる！

■ 監査修正はまとめて入れる

　監査人に試算表を何回提出していますか？　一番望ましいのは監査初日に一
回だけ提出しているという状況です。しかし，内部統制監査があるとはいえ，
途中でミスが見つかったり，監査人と被監査会社の見解が相違したりすること
により，決算の修正が必要となることもあるでしょう。監査を受けた後に一度
だけ修正した試算表を提出することもある，という状況であれば合格点です。
これが，3回，4回・・・と修正のたびに試算表を提出しているのであれば，
見直しが必要です。

　修正が入るのにもさまざまな事情があるでしょうから，それ自体が問題なの
ではありません。情報の交通整理ができていないのが問題なのです。こうした
ケースでは，監査人の担当者と被監査会社の担当者が話をして，都度修正の伝
票を入れているものと思われます。特に経験の浅い監査担当者では，重要かど
うかの判断ができませんから，あらゆるものに修正を求めてくることもありま

す。

　もちろん質的，金額的に重要なものは修正をせざるを得ないでしょう。しかし，そうでないものについては，決算業務に与える影響も含めて，その指摘を受け入れるかどうかを検討しなければなりません。決算業務では，開示書類の作成なども同時進行しているはずですから，各業務に与える影響を踏まえて，修正するのかどうかを考える必要があります。修正にあたって数値を集計するのに時間がかかり，現場に混乱を招きかえって間違いが生じる可能性があるのであれば，修正しないという判断もあり得ます。

　また，監査人からの修正事項の指摘は，時間を区切って各担当者から個別に入手するのではなく，少なくともマネージャークラスの監査人を通じ，まとめて報告を受け，必ず経理責任者が取捨選択して，修正するかどうか判断を行うようにしてください。

　都度修正を加えて，試算表を印刷し直して，関連帳票を直して，と工程を重ねるのは本当に時間の無駄です。

　「監査 → 修正事項の伝達 → 修正 → 修正チェック」の流れが1回で終わるのが正常です。これが，何度も繰り返されてようやく決算が固まるような状況は一刻も早く改善しなければなりません。

　監査人が指摘した事項について修正しなかった場合は，未修正の虚偽表示として，経営者確認書を通じて経営者に確認を求められる可能性がありますが，この経営者確認書自体は外部に公表されるものではありません。経理責任者として，指摘された誤りの金額，質的な問題，決算の状況，経営者の考え方などを総合的に勘案して判断しなければなりません。

■ 監査報酬の適正化

(1)　監査報酬の決まり方

　監査報酬は基本的には監査に要した延べ時間と単価によって決まります。監査に要した時間には，被監査会社で監査をしている時間のほかに，監査法人内で調査・検討・審査・書類作成などを行っている時間も含みます。

　監査法人内ではしっかりと原価計算を行っています。各担当者は毎月，「ど

の会社のどの作業に何時間かかった」という子細を報告します。担当者のランクごとにチャージ単価が決まっていて，チャージ単価×時間の積み上げと実際の監査報酬を比較して，その会社の監査が赤字ジョブなのか黒字ジョブなのかということを計算します。

　赤字ジョブのパートナー，マネージャークラスは赤字を改善するように指示がきますので，次年度の監査報酬の交渉で会社は値上げなどの対応を要求されることとなります。とはいっても，この原価計算は絶対に見せてもらうことはできません。通常は，ランクごとのチャージをある程度平均した単価×監査日数をもとに，監査報酬の見積もり金額の提示がなされるのだと考えられます。

　新しい取引が次々と出てくるなど論点が多い会社や，継続企業の前提に疑義がある会社などは，監査法人内の審査・検討することが多くなるため，相対的に監査報酬が高くなる傾向にあります。

(2)　監査時間を把握する

　監査報酬は，監査時間が大きく影響するため，まずは監査時間を把握しておくことが大切です。被監査会社側で確認できるのは，あくまで現場での監査時間に限られますが，それでも監査人の集計する監査時間と差がでることもありますので，交渉材料として把握しておくべきでしょう。ある会社では，監査人がやってくる日は午前と午後にお茶出しをして，そのお茶の数を日々カウントし，監査人の監査時間を大まかに把握するということをしていました。

　公認会計士試験の合格者数が増え，近年は新人会計士が増えているようです。新人を事務所で作業させていても育たないため，とりあえず現場を学ばせようと監査の現場に連れて行くこともあります。そういうときは本来1人でできる仕事を2～3人で分担して進めることもあるのです。

　昨年より若い会計士が大幅に増えていたら「本当に必要なのか」ということを確認し，場合によってはそれで増えた分の監査時間に対する監査報酬は値引きしてもらう，などの交渉を行うとよいでしょう。

(3)　手待ち時間を削減する

　実は，多くの監査の現場において，監査人の手待ち時間は非常に大きなウェ

イトを占めています。

　監査人は，監査に来て用意されている資料をざっとチェックして，不足資料
や質問しなければならない点をピックアップします。そして，それを紙などに
まとめて会社の担当者に質問するのです。そこですぐに答えが返ってくればい
いのですが「ちょっと調べます」と返されると，もうそこから手待ち時間が発
生します。

　事前に監査対応のための準備などが完璧にできていれば，監査人の待ち時間
は限りなくゼロにすることができます。

　監査のスケジュールにしても，たとえば，月曜から監査人が来る予定だった
けれども，トラブルがあって月曜までに締まらなかったとき，予定通り始めて
は監査人に手待ちが生じることとなります。スケジュールは前から決まってい
るので，会社にはやって来ますが，監査手続を進めることができません。残高
を見にきたのに「数字が締まっていません」では当然監査はできません。

　こうした一見細かいように思える事態も，チリも積もれば山となるのです。
第8章でも記載していますが，そういうことが絶対にないように事前に監査対
応のための準備を行ったり，余裕を持ったスケジュールを組んだりすることが
必要です。

(4)　監査の効率化も要望する

　監査というものは，法令や監査基準等で手続がある程度決められています。
また，法令や監査基準等は頻繁に改正が行われます。とはいえ，経験則による
部分も多くあります。会計基準や監査基準の大きな改正も行われておらず，被
監査会社に特に問題も起きていない状況であれば，監査人に「効率化を図って
ください」ということも言ってみるべきではないでしょうか。

　何も変化がなければ，経験則があるので，2年目は1年目より，3年目は2
年目より短い時間で監査できるようになるでしょう。

　監査チームの担当者が頻繁に変わるため，監査チーム側も会社側も不効率が
生じているということもあります。

　みなさんの会社で人事異動が行われるように，監査法人にも人事異動があり
ます。仕方がない面もありますが，それでも3～4年で担当者もローテーショ

ンとなるのが通常でしょう。複数の担当者が同時に交代となってしまったり，1〜2年などそれよりも短い頻度で頻繁に監査補助者が交代してしまったりするようであれば，固定してもらうように要望として伝えたらよいでしょう。

(5) 納得がいくまで交渉する

　監査では被監査会社から見えない作業も多いため，監査報酬が聖域化し，監査人の要求にある程度応えざるを得ないと考えられているかもしれません。しかし，監査契約もビジネスの1つですので，そこはビジネスとしての経済合理性についてもしっかりと吟味することが大切です。今は有価証券報告書で各社の監査報酬が開示されていますので，同業種や同規模の会社の監査報酬を調べて，それを基に交渉に臨むことが考えられます。

　もちろん同業種や同規模といっても，外部要因や内部要因によって監査報酬は大きく変わってくるはずです。「貴社は，売上規模はこれくらいだけども，こういった内部要因があるのでその規模の中では高い報酬金額となります」「前年と比べてこういった要因があるのでこの金額となります」といった詳しい説明を受ければ，理解できる面も出てくるのではないでしょうか。

(6) 最終手段は相見積もり

　説明を受けても納得いかないときは，最終手段として相見積もりをとります。そうすると多くの場合で，相見積もり先は現在の監査報酬より低い金額の見積もり金額を提示することになるでしょう。

　しかし，それを鵜呑みしてはいけません。なぜ，その金額を提示できるのか，まで確認してください。たとえば，「監査人の個別事情で間接コストが少ないので，時間チャージは●●円でいきます。これは2年目以降も変わりません」という事情であればよいですが，監査にかかる時間を低く見積もっている場合など，実際に監査を終えた後に「当初見込みより時間がかかりました」などと監査報酬の増額を要求されることともなりかねません。

　「相見積もりをとると信頼関係が壊れるのでは」と思われているかもしれませんが，そんなことはありません。ビジネスで物を買うとき，業務を依頼するときに相見積もりをとるのは基本です。報酬交渉においても監査人側に緊張感

を持たせないと，やはり監査人主導となってしまいます。実際に監査人を交代するには，監査報酬は1つの要因に過ぎないでしょうが，相見積もりをとってほかの監査法人が自社をどう見ているのかを把握しておくことも有用でしょう。

第10章

監査人の交代

■ 監査人の交代が監査負担の軽減につながる

　平成24年の1年間では，75社が監査法人の交代を行っていました。令和2年6月期では145社へ急増しました。開示されている理由には形式的なものが多かったのが一変し，監査報酬，継続監査期間など，より明確な理由によるもの

図表10−1　監査法人間の異動

異動形態		令和元年6月期	令和2年6月期	増　減
大手 →	大手	25	28	3
→	準大手	29	24	▲5
→	中小	27	38	11
準大手→	大手	5	1	▲4
→	準大手	54	0	▲54
→	中小	12	8	▲4
中小 →	大手	5	3	▲2
→	準大手	3	3	0
→	中小	32	40	8
合　計		192	145	▲47

（注1）各上場国内会社の適時開示に基づき，各期の6月末までに後任監査人を決定している会社数を集計
（注2）図表中の中小とは，中小規模監査事務所を指す。
（注3）合併による影響が，令和元年6月期の準大手→準大手，中小→中小には，それぞれ52件，2件，令和2年6月期の中小→中小には3件含まれている。
出所：「令和2年版モニタリングレポート」公認会計士・監査審査会

が増えてきています。

　特に大手の監査法人は，中小監査法人と比較すると職員の給料が高く，海外の提携ファームへの支払ロイヤリティなどでどうしてもコスト高になる傾向にあります。コスト面を重視して，大手監査法人から中小監査法人への変更事例も増加してきています。

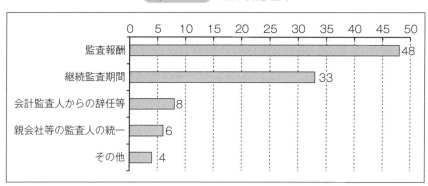

図表10－2　主な異動理由

（注１）令和元事務年度審査会検査および報告徴収において理由を把握した77件が対象
（注２）複数の理由がある場合，重複して集計（合計99件）
出所：「令和２年版モニタリングレポート」公認会計士・監査審査会

■ 監査法人の選び方

　監査法人を大法人と中法人，小法人に分けてその特徴を説明します。特徴を踏まえたうえ，自社にあった特色を持つ監査法人を選ぶのがベストです。

　まず，大法人，中法人，小法人を図表10－3のとおり定義しておきます。

図表10−3 規模別監査法人の定義

区　分	定　義
大法人	海外大手会計事務所とネットワークを組み，いわゆる大企業の監査を多数している監査法人を大法人と定義します。たとえば，EY新日本，トーマツ，あずさ，PwCあらたなどの監査法人を大法人とします。
中法人	上場企業を数十社以上担当している監査法人を中法人と定義します。たとえば，太陽，東陽，三優，PwC京都などの各監査法人を中法人とします。
小法人	上場企業の監査が10数社程度の以下の監査法人を小法人とします。

　大法人，中法人，小法人の特色をまとめると以下の**図表10−4**のとおりです。

　まず，大法人について補足します。日本では上場企業約3,500社の上場会社がありますが，大手3社（新日本，トーマツ，あずさ）でそれぞれ1,000社程度の上場会社の監査を担当しています。激しい寡占状態といってよいでしょう。これらの監査法人は海外の大会計事務所と次のように提携しています。

```
EY新日本 — Ernst & Young
トーマツ — Deloitte  touche
あずさ — KPMG
PwCあらた — PricewaterhouseCoopers
```

　このグローバルネットワークこそが，大手監査法人の強みです。グローバルで事業展開をしているような企業は，これら大手監査法人に受けるしか手はありません。
　もう少し具体的に，このようなグローバルネットワークを持つ監査法人がどのような監査をするか説明しておきます。グローバルネットワークを持つ監査法人は，世界各国にネットワークに加盟している監査法人をたくさん持っています。アメリカにもヨーロッパにもアジアにも，日本企業の関係会社があるような場所には，ほぼ存在するといってよいでしょう。
　現地の関係会社は，その現地の監査法人の監査を受けることになります。日

図表10－4　規模別監査法人の特色

	大法人	中法人	小法人
メンバー構成	新卒で大法人に入所したメンバー中心	大手から独立したパートナーを中心に最近では，新卒で中法人に入所したメンバーも増えてきている	大法人での勤務経験があるメンバーが中心
強　み	強固なグローバルネットワークを持ち，グローバル企業の監査対応が可能	大手監査法人の経験を持つメンバーも多い一方，大手ほどコスト高にならないことが多い	個人的な関係のある企業の監査を実施することが多い
弱　み	人材が流動しない。構成員のレベルに差がある。コスト高	超大手のグルーバル企業の監査は難しい。合併につぐ合併で，特色がはっきりしなくなってきつつある	メンバーや財務の安定性に欠ける
機　会	大規模化とグローバルネットワークとの関係強化により，より高度な業務への取り組みを進めている	合併の継続により，規模が拡大している	大法人，中法人の大規模化に伴い，特色を明確にした専門店化のチャンスがある
脅　威	リスクマネジメントの観点から業務の見直しが必要なフェーズに入っている	規制強化の影響を受け，合併を繰り返して，特色が見えにくくなってきている。準大手と称されることも増えてきている	監査の品質管理の精度向上を図る必要がある

本の親会社の監査法人と世界各国現地の監査法人との間では，基本的に英語で資料のやりとりをして，現地において，どんな監査手続をいつまでにどうやってほしいというリクエストを日本から出し，現地ではそのリクエストに基づいて監査手続をして，報告書を日本の監査法人に提出します。このような手続が必要な規模の関係会社が世界中に100社もある場合には，当然，大手監査法人に監査をしてもらうのがベストです。

　しかし，そうした関係会社が2，3社しかない場合，わざわざこのような面

倒な手法で時間とコストをかけて監査をするよりは，日本の親会社の監査人が現地の関係会社を訪問して監査をするほうが効率的であり，コスト的にみてもメリットがあることがあります。本当の意味でのグローバルネットワークを持っていない企業の場合には，大手監査法人の監査は過剰になってしまう可能性があるということは覚えておいてください。

　私は，これを例えて大手監査法人の百貨店化と呼んでいます。30万円のオーダースーツや100万円の呉服を作るために一流百貨店はベストの場所ですが，普段着を買うには品質も価格も中途半端なものしか買えません。監査法人の中でも大手監査法人は一流百貨店といってよいでしょう。大規模なグローバルレベルの監査というサービスを買うには最適ですが，そうでない場合には，必ずしもベストの選択肢とは言い切れない場合があるのです。

　それでは，大手監査法人の現在の問題について説明します。

　景気の悪化に伴い，大手監査法人も業績の問題に悩んでおり，現在は人件費を厳しくコントロールすることによって利益を出しています。以前は，若手の会計士の多くは大手監査法人を早期に退職し，独立したり，税務部門に移籍したり，事業会社やコンサルティング会社に転職したりすることが多く，大手監査法人はとても人材の流動性の高い組織でした。その結果，入社間もない若い監査人が圧倒的に多く，平均の人件費はある程度低い状態がキープされていたのです。しかし近年では，長く続く不況や大手監査法人への厳しい就職環境も手伝い，転職や独立を志す若手の数が減ってしまいました。その結果，決してモチベーションが高いとはいえない若手会計士が大手監査法人に滞留してしまいつつあるのが現状です。

　さらに監査法人の立場からすれば，優秀な人材は監査報酬を惜しまない顧客や米国基準適用会社，IFRS早期適用会社からアサインしていきます。それ以外の圧倒的多数の企業では，優秀な会計士が担当になるかどうかは運次第，というのが現状です。

　次に，中法人の多くは，大法人のパートナーが何らかの理由により自分の顧客を含めて独立したことにより，設立されています。開業当初は，大法人では

できなかったサービスを展開する意欲を持って運営されるケースが多いのですが，近年，中法人同士の合併が多く組織が大きくなり，結果として中法人の特色が見えにくくなってきています。

　監査法人を選択するには，自社にあった特色を持った監査法人を選択するのがベストですが，中法人の多くは，その特色がはっきりしなくなってきているのが現状です。

　小法人の多くは，個人的なつながりがきっかけとなって監査業務を開始しています。このうち，事実上の個人事業を脱した法人が中法人になっていくわけですが，上記のとおり，中法人も設立当初に掲げたはずの特色を出しづらい環境になっています。今後のことに目を向けると，必ずしも規模の拡大を狙わない小法人が自分たちの特色を活かし，自社の要望にあった監査法人を見つけたい企業の監査業務を受ける機会が増えるのではないでしょうか。

■ 監査法人変更のきっかけ

　これまで何度も監査法人変更の相談をお受けしましたが，理由のほとんどは以下のいずれかに該当していました。

> - 監査報酬が高い
> - 会計方針の変更など会計上の処理について納得のいかない結論となることがあった
> - 質問した事項に対する回答が遅い
> - 必要のない人員が来ていて，対応が大変

　監査報酬については，1人日あたり10万円が相場です。これを大幅に下回るには監査法人側での経営改革が必要ですが，現状，これをやりきっている監査法人は多くありません。ご参考までに以下に各職位の給与と昇進までの実務経験年数の目安を図表10－5に記載しておきます。

　もちろん，法人や個人によって違いはありますので，あくまでもご参考程度

図表10−5　監査法人における給与の目安

職　位	平均年収	昇進までの必要期間
パートナー	1,000万円〜	10年〜15年
マネジャー	700万円〜1,000万円	7年〜10年
シニアスタッフ	600万円〜700万円	3年〜5年

にされてください。

　もっとも問題となるのが，会計方針の変更など会計上の処理について納得い
かなかった場合でしょう。

　これは，担当会計士のスキルや経験の不足が原因となっていることがほとん
どです。大法人の会計士の多くは，あらかじめ準備された監査手続を実施し，
文書化するのに多くの時間を費やし，また事務所が準備しているマニュアルが
整備されすぎているため，会計基準の原文を読み込んでいないケースがほとん
どです。良し悪しはありますが，小法人では大法人ほどマニュアルが整備され
ていないので，基準の原文を読まずに監査業務を実施することはありえません。

　質問事項に対する回答が遅いという不満もよく耳にします。これは審査体制
が複雑になっているという監査法人側の問題はあるものの，多くは個人の問題
です。言い換えると担当者次第ということになるでしょう。当事者意識を持っ
て日々の業務に当たれる職員をどれだけ抱えているのか，これが大きなポイン
トです。もちろん，大法人はこういった職員を多く抱えていますが，彼らにとっ
て重要性の高い，監査報酬を惜しまない顧客や，米国基準適用会社やIFRS早
期適用会社からアサインしていくことになります。繰り返しになりますが，こ
れはよく覚えておいてください。

　そして，必要のない人員が来るというのは完全に監査法人側の問題です。大
法人の場合，すでに述べたように多くの若手職員を抱えています。彼らを遊ば
せておくわけにもいかず，顧客に送り込まざるを得ないという現状が背景にあ
ります。

■ 監査人交代のメリット，デメリット

　監査人交代理由の上位にもあるように，監査報酬を下げるという効果がある
ケースはあります。中小監査法人よりも安い金額を提示し，大手監査法人が業
務を取りに来ることも珍しくありません。たしかに大手の監査法人がより安い
金額で監査業務を受けてくれるのであれば，それに越したことはありません。
しかし実際には，安く受注はしたものの，抜本的なコスト構造の変化までは至
らず，監査人交代後2，3年後に監査報酬の引き上げの依頼をするケースをよ
く耳にします。目先のコスト低下に気を取られると結果的に損をすることも多
いので，注意が必要です。

　監査法人交代の最大のデメリットは，長い付き合いがあり，説明しなくても
諸々の事情や過去の経緯を理解してくれた監査人から，何もかも一から説明を
しなければならない監査人に変わることです。

　このことに対する経理部門のストレスは非常に大きく，監査法人の変更が企
業にとって本質的に有利な場合でも，嫌がる経理部門がボトルネックとなって
しまうこともあります。経営層としては，そうした事態になっていないか一度
確認されることをおすすめします。

■ どのようにして監査人の交代が行われるか

　次に，監査人の交代に必要とされる手続について説明します。

　会計監査人は，①株主総会の決議を経て選任されなければなりません（会社
法第329条第1項）。その選任する決議に提出する議案について②監査役等の同
意が必要となります（会社法第344条第1項，第3項，第404条第2項第2号）。
また，選任された後には③その氏名または名称を登記しなければなりません（会
社法第911条第3項）。

　上場会社であれば，「公認会計士等の異動」として異動内容について適時開
示が求められます。どこからどこに監査人が変わったのか，なぜ変わったのか
等の異動に関する情報は，投資家の意思決定の重要な判断材料となるためです。

図表10−6　監査人変更の開示例

○○年○○月○○日

各　位

会 社 名　○○○○○株式会社

代表者名　代表取締役社長　○○　○○

（コード：○○○○，東証第○部）

問合せ先　取締役広報・ＩＲ部長　○○　○○

（TEL．○○−○○○○−○○○○）

公認会計士等の異動に関するお知らせ

　当社は，○○年○○月○○日開催の監査役会において，会計監査人の異動を行うことについて決議し，本日開催の臨時取締役会において，同年○○月○○日開催予定の定時株主総会にて「会計監査人選任の件」を付議することを決議しましたので，金融商品取引法第193条の２第１項および第２項の監査証明を行う公認会計士等の異動に関し，下記の通りお知らせします。

記

1．異動予定年月日
　　○○年○○月○○日

2．就退任する公認会計士等の概要
　（1）就任する公認会計士等の概要

① 名　　　　　称	
② 所　在　地	
③ 業務執行社員の氏名	
④ 日本公認会計士協会の上場会社監査事務所登録制度における登録状況	

　（2）退任する公認会計士等の概要

① 名　　　　　称	
② 所　在　地	
③ 業務執行社員の氏名	

3．2（1）に記載する者を公認会計士等の候補者とした理由

4．退任する公認会計士等の就任年月日
　　○○年○○月○○日

5．退任する公認会計士等が直近３年間に作成した監査報告書等における意見等

6．異動の決定または異動に至った理由および経緯

7．6．の理由および経緯に対する意見
　　（1）退任する公認会計士等の意見

　　（2）監査役会の意見

以 上

　監査人が交代する際の監査法人の手続については，監査契約の締結前から締結後の初年度の監査手続の実施まで，監査基準や倫理規則，監査基準委員会報告書等で細かく指針が示されています。その概要は次のとおりです。

(1)　交代に関する方針と手続の決定
　まず，監査契約の締結や前任監査人からの引継ぎについて，監査法人はその方針と手続をしっかりと定め，これにそって適切に進められている事を確認しなければなりません。監査法人として，交代の手続が一定の品質で行われていることを担保しなければならないのです。

(2)　契約締結の前提
　後任の監査人が監査契約を締結するには，監査法人として次の３つの条件をすべて満たさなければなりません。

①　監査業務を実施するための適性および能力を有していること。
②　関連する職業倫理に関する規定を遵守できること。
③　関与先の誠実性を検討し，契約の締結に重要な影響を及ぼす事項がないこと。

　監査法人が監査をしたい，契約したいと思っていても，監査報告書を提出するまでに時間がない場合もあります。また，規模が大きな会社の場合，監査法人側で十分に監査するだけの人員が不足している可能性もあります。会計以外の専門家が必要になる場合もあるでしょう。後任の監査人は，適切な監査業務を実施するために，自らが組織として十分な適性および能力を有しているかを判断しなければなりません。

　また，前任の監査人や金融機関，法律専門家から情報を入手し，関与先の誠実性について検討する必要があります。たとえば，経営者は監査報酬を過度に低く抑えようとしているかもしれません。株主に反社会的勢力が含まれているかもしれません。そうした関与先の誠実性を検討し，契約を締結した場合に適切な監査が実施できるかを判断しなければならないのです。

(3)　契約の合意

　監査は内部統制が有効であることを前提としており，実施するうえで被監査会社の協力は必須です。適正な財務諸表の作成責任は経営者にあり，監査人の責任は，経営者が作成した財務諸表に対する意見表明のみです。監査人が過度の責任を負うことがないように，責任関係を明確にし，その責任分担について経営者から合意を得なければなりません。

　こうしたことから，監査契約を締結するうえでは，監査の前提条件が満たされていること，契約条件について監査人と経営者が共通の理解を有することが求められています。

(4)　監査の引継ぎ

　前任の監査人は，過去の監査によって重要な情報を入手しています。一方，後任の監査人は，基本的には会社のことをほとんど知りません。後任の監査人が契約の締結の可否を判断するうえでも，締結後に監査を実施するうえでも，前任の監査人の知識や経験を引き継ぐことが，監査の品質を確保するために必要となってきます。

　そのため，前任の監査人は，後任の監査人の質問に対して誠実かつ明確に情報を提供しなければならず，また監査調書の閲覧を請求した場合も，誠実に対

応しなければならない，と義務付けられています。そして，後任の監査人が前任の監査人に質問しなければいけない事項について，日本公認会計士協会が公表している監査基準委員会報告書900「監査人の交代」第9項に定められています。そこでは経営者の誠実性や監査人交代事由に関する前任監査人の見解などを含めたかなり厳しい内容が含まれています。

　適切な引継ぎにより後任の監査人は次の事項が可能となります。

> ①　監査契約の締結に伴うリスクを低く抑えることが出来るかどうかを的確に判断する。
> ②　会社に都合のよい監査意見を求めている徴候があるかどうかを判断する。
> ③　監査を効果的かつ効率的に実施する。

　監査業務の引継ぎの場面で重要となってくるのが期首残高の監査についてです。継続監査の場合は，前期末残高に対して監査を実施しており，適正意見であれば前期末残高に重要な虚偽表示がないと言えます。したがって，前期末から当期首に残高が適切に繰り越されていれば，前期末残高＝当期首残高であるため，期首残高に重要な虚偽表示が含まれていないことについては問題ありません。

　これに対し，監査人の引継後の監査初年度は，期首残高を監査することから始まります。ここで重要なのが，前任の監査人からの引継ぎです。

　前任の監査人は前期末の残高について監査をしているため，前期末の残高に対して何らかの監査手続を実施しており，意見を表明するだけの根拠を得ているはずです。もちろん前任の監査人の手続だけでは不十分だと後任の監査人が判断する場合もあり，追加の手続が実施されることはありません。そうであったとしても，ゼロから自分たちだけで実施するよりは，前任の監査人の監査実施結果を参照するほうが何倍も効率的だといえます。このうち，現金等の実査，棚卸の立会は遡って監査手続を実施することができませんから，引継ぎがうまくいかない場合には，後任の監査人は監査業務を引き受けることができないこともあるので注意が必要です。

(5) 守秘義務

　前任の監査人は会社の機密情報に対して守秘義務を負います。これは監査人でなくなった場合でも解除されないため，後任の監査人が就任した後も守秘義務を負うことになります。ただし，倫理規則において前述の監査の引継ぎを行う場合は，守秘義務を解除することができます。

　一方で，後任の監査人は，監査契約の締結前に会社の情報を知ることになりますが，契約を締結するか否かにかかわらず，会社や前任の監査人から得た情報について守秘義務を負うため，これについて会社と文書で確認をする必要があります。

おわりに
〜監査法人の今後

　本書において何度か例えましたが，現在の監査法人というのは百貨店だと思っています。しかも，かつての百貨店です。商品はよいものですが，値段もそこそこ高いですよ，という状態です。監査報酬は一般的には下がってきていると言われていますが，決して安くはありません。監査報酬以上に役員報酬をとられている役員の方というのは，社長を除いてはそんなにいらっしゃらないでしょう。副社長や専務の給料より多くの監査報酬を払っているわけですから，それ以上に働いてもらわないとコスト的に合わないはずです。この金額が高いという点，百貨店に似ています。

　たしかにトヨタやソニーの監査は著者らではできません。グローバルネットワークも人材も大幅に不足しているからです。しかし，普段着を求めている企業に対しては，阪急や伊勢丹と同じ単価で商売をしていては採算が成り立つわけがないでしょう。ある点に，特化する専門店たる監査法人が必要になってくるのではないかと私たちは考えています。

　大手の監査法人でパートナーとなっている，私とほぼ同世代の会計士にもこういった話をよくするのですが，返答は私の意見と同様です。トヨタやソニーの監査をするのと，日本の新興市場の上場会社の監査をするのとでは，監査人に要求されるスペックや性質，コスト体質が全く違います。特に米国に上場しているような会社は間接費が非常にかかります。

　具体的には，海外の提携先との連携にかかるコストです。たとえば，新日本監査法人の中であればアースト・アンド・ヤングから相当に厳しい内部監査が入ります。グローバルネットワークを持つ監査法人は，これに当然対応していく必要がありますし，多額のコストがかかります。このコストを結果的に監査報酬で回収していかざるを得ません。米国に上場していれば米国の証券取引委員会（SEC），あるいは米国の公認会計士協会からチェックに来ます。表には

出ませんが，彼らは相当厳しいチェックをしています。当然ながらそれに対応できるような体制を整え，監査をした証拠を取っておかないといけないのです。これらは，目には見えませんが非常に高いコストがかかっています。しかし，それに対応できなければ米国で上場し続けられないわけですから，会社がそれを望んでいる以上やり遂げなければならないのです。

　一方，当面日本国内での上場維持しか視野になければ，そこまでの対応は必要はないはずなのです。この場合，大手監査法人に依頼をしていると，必要以上の備えをした体制で監査を受けざるを得ないことになります。

　セブン-イレブンのフランチャイズに入っているのであれば，看板を出し続けるために本社のスーパーバイザーのチェックに耐える必要があるのと同様に，トーマツがデロイトの看板を使おうと思えば，デロイトの内部監査にしっかり通って，デロイトの求める品質を確保していることを証明しなければなりません。

　監査法人の業界は，皆さんが属している業界よりも再編や動き自体が遅い傾向にありますので，まだそんなことをやっているのか，とお叱りを受けてしまうかもしれません。しかし，これから先，おそらくは上記のような形で，変化していくのでないかと思っています。

　今後，こういった業界の変化に対応できる専門店監査法人を目指し，我々メンバーはアルテ監査法人を設立し，情報提供をさせていただいているわけです。

　最近は，大手監査法人が新規上場準備会社の監査契約をほとんど受けなくなるなど，徐々にではありますが，監査法人の専門店化が現実的なものになりつつあります。

　最後になりましたが，本書が読者の皆様の監査対応の実務や決算早期化に少しでもお役に立てれば幸甚です。

2021年3月

アルテ監査法人

代表社員　公認会計士　大 原 達 朗

索　引

た行

な行

は行

ま行

や行

ら行

わ行

【執筆者紹介】

石島　隆（いしじま　たかし）第6章担当，全体監修

アルテ監査法人社員，法政大学経営大学院イノベーション・マネジメント研究科教授，㈱淺沼組社外監査役，三栄源エフ・エフ・アイ㈱社外監査役，㈱未来樹脂社外取締役。1983年公認会計士登録。監査法人サンワ東京丸の内事務所（現有限責任監査法人トーマツ），㈱オービックビジネスコンサルタントを経てセンチュリー監査法人（現EY新日本有限責任監査法人）入所。1998年同法人代表社員となる。2003年大阪成蹊大学現代経営情報学部（現経営学部）助教授，2007年法政大学大学院教授，2010年アルテ監査法人パートナーにそれぞれ就任。著書に『情報システムの内部統制』（中央経済社），共著に『ITのリスク・統制・監査』（同文舘出版）他がある。

植木　健介（うえき　けんすけ）第2章担当

2002年公認会計士登録。大手監査法人で法定監査，システム監査，コンサルティング会社でシステムコンサルティングに従事。2010年アルテ監査法人パートナーに就任。現在は会計財務コンサルティング，業務・システムコンサルティングなどの業務に主に従事している。共著に『スタンダードテキスト 監査論 問題演習編』（中央経済社）がある。

大原　達朗（おおはら　たつあき）第1，5，7，10章担当，全体監修

アルテ監査法人代表社員。2002年公認会計士登録。青山監査法人プライスウォーターハウスにて国内外の法定監査，上場支援業務を経験し，2003年独立開業。2010年アルテ監査法人設立，代表社員就任。ビジネス・ブレークスルー大学教授，nmsホールディングス㈱監査役，日本マニュファクチュアリングサービス㈱監査役，日本M&Aアドバイザー協会代表理事。著書に『決算書のチェックポイント』（税務経理協会），『サラリーマンが小さな会社の買収に挑んだ8カ月間』（中央経済社）がある。

菊池　健太郎（きくち　けんたろう）第2，8，9章担当

アルテ監査法人社員。2006年公認会計士登録。あずさ監査法人において，法定監査，株式上場支援，パブリックセクターコンサルティング等に従事。2016年に独立し，菊池健太郎公認会計士事務所開設。監査業務のほか，株式上場支援，会計財務コンサルティング，財務デューデリジェンス，税務業務等に従事している。2018年アルテ監査法人パートナーに就任。

須黒　統貴（すぐろ　のりたか）第3，4章担当

アルテ監査法人シニアマネージャー。2010年公認会計士登録。大手監査法人にて，国内上場企業の法定監査等に従事。2017年の独立開業後は，監査業務に加えて，株式上場支援業務，決算支援業務，税務業務等を行っている。2019年株式会社coly社外監査役に就任している。

髙山　信紀（たかやま　のぶき）第3, 4章担当

アルテ監査法人代表社員。2005年公認会計士登録。大手監査法人にて，国内上場企業の法定監査や外資系企業の監査業務等に従事。2008年に独立開業した後も監査業務に継続して関与し2014年にアルテ監査法人代表社員に就任。監査業務の他，財務デューデリジェンスおよびバリュエーション業務，決算支援業務，税務業務等を行っている。

塚本　純久（つかもと　よしひさ）第2, 8, 9章担当

アルテ監査法人代表社員。2005年公認会計士登録。あずさ監査法人において，法定監査，株式上場支援に従事。2014年に独立し，塚本公認会計士事務所開設。株式上場支援，会計財務コンサルティング等の業務に従事している。2014年アルテ監査法人パートナーに就任。2017年アルテ監査法人代表社員に就任。2017年神戸天然物化学株式会社社外監査役，2018年BCC株式会社社外監査役にそれぞれ就任している。

松本　佳之（まつもと　よしゆき）第2, 8, 9章担当

アルテ監査法人社員。2005年公認会計士登録。あずさ監査法人で法定監査，株式上場支援に従事。2007年税理士登録し，みんなの会計事務所を開所。2010年アルテ監査法人パートナーに就任。現在は，主に上場企業の会計財務コンサルティング，創業支援，中小企業の税務顧問，株式上場支援などの業務に従事している。共著に『これだけは知っておきたい税務調査Q＆A』（TAC出版）がある。

【編著者紹介】

アルテ監査法人

理解しやすく，利用しやすく，しかも役に立つ，ユーザーフレンドリーな会計をグローバルで実現し，これをもって世界中の組織や個人が現状を把握し，自己の責任において正しい意思決定ができる環境を作り上げる。その実現のため，志が高くプロブレムオーナーシップ（当事者意識）を持った仲間が集まる場とし，公認会計士業界を変え，日本を変え，さらにはユーザーフレンドリーな会計をグローバルで実現することを目指して設立された。

所在地：東京都台東区台東１−30−３　YOKビル４階
電　話：03−5826−4084
ＷＥＢ：http://artepartners.com/
メール：info@artepartners.com

決算効率化を実現する
会計監査対応の実務（第２版）

2014年４月15日　　第１版第１刷発行
2019年７月５日　　第１版第４刷発行
2021年４月10日　　第２版第１刷発行

編著者　アルテ監査法人
発行者　山　本　　　継
発行所　㈱中央経済社
発売元　㈱中央経済グループ
　　　　パブリッシング

〒101-0051　東京都千代田区神田神保町1-31-2
電話　03 (3293) 3371(編集代表)
　　　03 (3293) 3381(営業代表)
https://www.chuokeizai.co.jp
印刷／三英印刷㈱
製本／㈲井上製本所

©2021
Printed in Japan

サラリーマンが小さな会社の買収に挑んだ *8カ月間*

―個人M＆A成功のポイント

大原　達朗　［著］

●A5判・204頁・ソフトカバー
●ISBN：978-4-502-35161-7

近年注目を浴びる個人が参入可能な小規模のM＆A案件について、実務的な留意点をストーリー仕立てで解説。個人でできること、専門家に任せることの線引きを示しながら、ＤＤをはじめ知っておくべき基本を詳しく説明する。

本書の構成

中央経済社